Sigrid Engelbrecht

Das Anti-Burnout-Buch für Mütter

Sigrid Engelbrecht

Das Anti-Burnout-Buch für Mütter

KREUZ

MIX
Papier aus verantwor-
tungsvollen Quellen
FSC® C106847

© KREUZ VERLAG
in der Verlag Herder GmbH, Freiburg im Breisgau
Alle Rechte vorbehalten
www.kreuz-verlag.de

Umschlaggestaltung: [rincón]² medien gmbh, Köln
Umschlagmotiv: / © Getty Images/Richard Boll
Autorenfoto: © privat

Satz: de·te·pe, Aalen
Herstellung: fgb · freiburger graphische betriebe
www.fgb.de

Printed in Germany

ISBN 978-3-451-61122-3

Inhalt

Vorwort 7

Einführung 9
Spagat zwischen Kindern und Karriere: Mütter heute 9
Jede fünfte Mutter ist Burnout-gefährdet 13
Familienfreundliche Unternehmen –
noch immer ein Mythos? 14
Mehrfach belastet: Alleinerziehende 15

Sind Sie Burnout-gefährdet? 17
Burnout – was ist das eigentlich genau? 17
Selbsttest: Vorübergehendes Tief oder Burnout? 22

Teil 1: Ursachen 27

Stress von außen 27
Überforderung durch Planungszwänge 27
Sich verschärfende Rahmenbedingungen
in der Arbeitswelt 29
Risiken der Teilzeitarbeit 31
Energiefresser Hausarbeit 32
Der Fluch der Unterbrechung 35
Fehlende Wertschätzung 36
Überzogene Erwartungen:
Von der Supermutter zur Superalleskönnerin 38
Schule: Stress bei Müttern und Stress bei Kindern 42
Kinder, die nicht flügge werden 45
Mutter und Tochter zugleich sein 46
Stress-Check: Stressoren von außen 47

Stress von innen 49
Ansprüche an sich selbst als Mutter 51
Herzeigbare Kinder haben 53
Mütterwettbewerb: das schönste, klügste, beste Kind 55
Ringen um Anerkennung 56
Zurückstellen eigener Bedürfnisse
zugunsten der Kinder 57
Zankapfel Haushaltspflichten 59
Überverantwortlichkeit: einmal Mutter, immer Mutter 60
Stress-Check: Stressoren von innen 61

Faktoren, die die Erschöpfung beschleunigen 63
Uneingestandene Gefühle 64
Unvermögen, Grenzen zu setzen 66
Fehlende Ansprechpartner für eigene Nöte 67
Kein Job, der erfüllt und Freude macht 68
Keine persönlichen Freiräume haben 70
Warnzeichen für Erschöpfung übergehen 71
Stress-Check: Burnout-Beschleuniger 72

Teil 2: Impulse zum Gegensteuern 74

Impuls 1: Bestandsaufnahme 76
Impuls 2: Schach dem Super-Mutter-Syndrom 88
Impuls 3: Loslassen überzogener Ansprüche
an sich selbst 97
Impuls 4: Wertschätzung für sich selbst 110
Impuls 5: Grenzen setzen 124
Impuls 6: Sich Unterstützung suchen 136
Impuls 7: Orientierung an Lebensfreude:
Was sind meine Kraftquellen? 145

Der persönliche Veränderungsplan 156

Nützliche Adressen und Links 159
Weiterführende Literatur 159
Wegweiser zu den Übungen und Selbst-Checks 160

Vorwort

»Irgendwie wächst mir alles über den Kopf«, »In der letzten Zeit habe ich zu nichts richtig Lust, muss mich fast schon zu jedem Handgriff zwingen.«, »Diese dauernde Müdigkeit – manchmal könnte ich im Stehen schlafen.« Zustände wie diese kennen wir alle in Situationen, in denen wir uns beruflich oder privat überlastet fühlen. Situationen, in denen wir alles andere als gelassen sind, sondern hektisch oder gereizt auf alles reagieren, was an uns herangetragen wird. Situationen, in denen der Zeitdruck überhandnimmt und wir uns von allem und jedem nur noch genervt fühlen. Immer mal wieder gibt es solche Phasen im Leben, wo die Vielfalt dessen, das es zu bewältigen gilt, überbordet oder wir plötzlich sehr viel Neues lernen müssen – nach der Geburt des ersten Kindes beispielsweise oder wenn wir im Job einen neuem Aufgabenbereich übernehmen und dementsprechend gefordert werden. Sobald wir das Gefühl haben, die neue Situation in den Griff zu bekommen, weichen diese inneren Alarmzeichen und wir fühlen uns wieder gesund und tatkräftig.

Doch wenn Müdigkeit, Lustlosigkeit und das Gefühl der Überforderung zu Dauergästen werden, sollten wir das ernst nehmen, denn dies können auch Indizien für einen Burnout – für eine chronische Erschöpfung – sein. Auch Schlafstörungen, häufige Kopf- und Rückenschmerzen oder immer wieder auftretende Magen-Darm-Beschwerden weisen darauf hin, dass wir aus dem Gleichgewicht geraten sind. Und wenn eine Erkältung gleich in die nächste überzugehen scheint, ist dies ein Warnzeichen, dass unsere Abwehrkräfte geschwächt sind – eine häufige Folge von Dauerstress. Hier gilt es, frühzeitig gegenzusteuern.

»Ginger Rogers hat alles gemacht, was Fred Astaire machte. Aber sie tat es rückwärts und auf Stöckelschuhen.« Dieses Zitat von Cheryl Benard ist eine treffende Metapher für die Situation berufstätiger Mütter: Wir tun alles, was Kinderlose und was mit einer Hausfrau verheiratete Männer auch machen *und* haben jenseits des Jobs noch ein zweites Leben zu meistern, in dem es ebenfalls darum geht, den Erfordernissen und der eigenen Verantwortlichkeit so gut wie irgend möglich gerecht zu werden. Desto wichtiger ist es, sich die eigenen Kräfte gut einzuteilen.

Arbeiten bis zum Umfallen ist keine Lösung, das wissen Sie – doch vielleicht fehlt es noch an geeigneten Strategien, Verantwortung auf mehr Schultern zu verteilen, oder Sie haben es mit inneren Antreibern wie »Sei perfekt«, »Streng dich an« oder »Mach's allen recht« zu tun, die Sie immer wieder dazu verleiten, Ihre Grenzen zu ignorieren. Dem auf die Spur zu kommen lohnt sich. Es hilft dabei, aus ungesunden Denk- und Verhaltensmustern auszusteigen und Schritt für Schritt sorgsamer mit sich selbst und den eigenen Kräften umzugehen.

Dieser Ratgeber regt Sie dazu an, in Ihrem Alltag wieder mehr Freude, Ruhe und Entspannung zu erleben – auch und gerade, wenn Sie vor der Mammutaufgabe stehen, Beruf, Kinder, Partnerschaft und Haushalt miteinander in Einklang zu bringen. Tatkräftig sein, ohne dabei selbst auf der Strecke zu bleiben, genau darum geht es.

Ihre Sigrid Engelbrecht

Einführung

Spagat zwischen Kindern und Karriere: Mütter heute

Job, Partnerschaft, Kinder und Haushalt unter einen Hut zu bringen ist eine Herausforderung, die sich täglich von Neuem stellt. Es bedeutet Stress pur, und das meist nicht nur in Ausnahmefällen, sondern Tag für Tag aufs Neue. Gerade bei jungen Müttern liegen häufig die Nerven blank. Die neuen Anforderungen treiben den Stresspegel allzuoft nach oben.

Fachleute bezeichnen Stress schon seit Längerem als »neue Volkskrankheit«, und auch die Weltgesundheitsorganisation (WHO) betrachtet Stress als »eine der größten Gesundheitsgefahren des 21. Jahrhunderts«. Man ist sich weitgehend einig, dass seelischer Druck für ca. 70 Prozent aller Krankheiten mitverantwortlich ist. Das dürfte niemanden sonderlich erstaunen, denn schließlich sind viele Menschen – auch und gerade Mütter – mehr denn je fast rund um die Uhr mit dem Job und der Organisation des Alltags beschäftigt, wo Reizüberflutung und Hektik mittlerweile die Regel sind. All die tausend Dinge, die ständig zu bedenken und zu tun sind. All die Anforderungen, die erfüllt werden sollen. Bis irgendwann Körper und Psyche nicht mehr mitmachen. Vielen fällt es schwer, nach getaner Arbeit richtig abzuschalten, innezuhalten und Abstand zu finden.

Krankschreibungen geschehen zunehmend auch aufgrund von psychischen Störungen, und diese sind letztlich meist auf ein Zuviel an Stress zurückzuführen. Dieses Leben im Standby-Modus macht krank. Neuere Studien belegen, dass chronischer Stress den Hippocampus buchstäblich schrumpfen lässt. Das ist der Teil unseres Gehirns, der wichtig ist für die Informationsverarbeitung und das Gedächtnis. Wir können uns dann nicht mehr konzentrieren, machen vermehrt Fehler und werden vergesslich. Die Gefahr für Gehirn, Psyche und Körper erhöht sich umso mehr, wenn der Stress sich in alle Lebensbereiche hineinfrisst, wir also andauernd unter Druck stehen und uns nirgends Rückzugsfelder für Ruhe und Entspannung bleiben.

Grund genug, um uns klar darüber zu werden, wie Stress auf uns wirkt und wie wir ihm anders begegnen können als bisher.

Auf Stress reagieren wir alle unterschiedlich. Was für die eine belebende Spannung ist, kann für die andere schon eine krankmachende Überforderung sein, je nachdem, wo unsere persönlichen Talente und Fähigkeiten und wo unsere Schwächen angesiedelt sind. Stress an sich ist nichts Schlechtes. Mit kurzfristigen Stressmomenten kommen wir normalerweise gut zurecht, sie sind sozusagen das Salz in der Suppe. Wir können unter Stress viel Energie für die Bewältigung unserer Aufgaben mobilisieren.

Eine versalzene Suppe bekommt uns jedoch nicht. Für Dauerbeanspruchung und permanente Überlastung ist unser Organismus nicht gemacht. Dies mag eine Weile gut gehen, doch irgendwann greifen gängige Kompensationsversuche wie Fernsehen, Shopping, das Gläschen Rotwein am Abend oder einer Freundin das Herz ausschütten nicht mehr. Wer sich über einen längeren Zeitraum hinweg verausgabt, zu wenig schläft und kaum für echte Arbeitspausen und körperlichen Ausgleich sorgt, ist irgendwann einfach am Ende mit seinen Kräften.

Frauen und Männer reagieren unterschiedlich auf Stress. Einer Studie der Universität Michigan zufolge haben Frauen nicht nur ein stärkeres Stressempfinden als Männer – sie tendieren in der Reaktion auf alltagstypische Stressoren wie Termindruck, Ärger und Konflikte auch eher zu psychischen Symptomen. Die Stressfolgen bei Männern zeigen sich dabei deutlicher in Herz- und Kreislauferkrankungen, Bluthochdruck und Übergewicht, bis hin zu Infarkt oder Schlaganfall. Häufiger bei Frauen zu finden sind Migräne, Neurodermitis, Angstzustände und auch Depressionen. Über zehn Prozent aller Krankenstände bei Frauen haben psychische Ursachen.

Wissenschaftler vertreten schon seit Längerem die These, dass die Mehrfachbelastung und die daraus entstehenden Rollenkonflikte einen großen Teil zu den psychosomatischen Problemen beisteuern, mit denen insbesondere Frauen besonders zu kämpfen haben.

Doch was sind Stressfaktoren, die Frauen – und insbesondere Müttern – psychisch so zu schaffen machen, dass sie sich irgendwann in einem Zustand chronischer Erschöpfung, dem Burnout, wiederfinden?

Wenn in den Medien von Burnout die Rede ist, bezieht sich das meist auf berufliche Überforderung, von Familienarbeit ist dabei nur selten die Rede. Als würde sich hier alles von selbst irgendwie regeln. Erst runde zehn Jahre ist es her, dass das Unwort Erziehungs»urlaub« durch den Begriff »Elternzeit« abgelöst wurde. Inzwischen ist es wohl auch beim Allerletzten angekommen, dass Pflege und Betreuung eines neugeborenen Babys herzlich wenig mit Urlaub zu tun haben, sondern dass diese Aufgabe weit mehr Energie, Konzentration, Koordination, Management und Verantwortung erfordert als die Leitung einer Lebensmittelabteilung oder einer Bankfiliale.

Doch es gibt noch weitere, schwer auszurottende Vorurteile, mit denen sich berufstätige Mütter konfrontiert sehen. Wenn eine Frau »nur« einen Halbzeitjob hat, so eine gängige Vorstellung, dann müssten Erwerbs- und Hausarbeit doch mit links zu vereinbaren sein, oder? Allen, die dieser Meinung sind, ist anzuraten, einmal vier Wochen mit Teilzeitjob und kleinen Kindern auf die Reihe zu kriegen und erst dann den Mund wieder aufzumachen. Und auch der Begriff »Rabenmutter« ist ungemein zählebig. Mütter, die nach der Geburt ihres Kindes wieder an den Arbeitsplatz zurückkehren, müssen sich viele Fragen gefallen lassen. Ob ihnen ihr Kind denn so gar nicht fehlt? Ob sie auch genügend Zeit haben für die Förderung ihres Kindes, die Krabbelgruppe, das Baby-Schwimmen oder den Mini-Club …

Mütter sind immer im Dienst. Dies gilt für die Mütter von Babys ebenso wie für die Mütter von Schulkindern. Die Herausforderungen ändern sich, wenn ein Kind aus dem Gröbsten heraus ist, doch weniger werden sie dadurch keineswegs. Die Organisation des ganz normalen Alltags kann Stress pur sein. Oft ist es ein pausenloser Hürdenlauf durch den Tag: Frühstück machen, Kinder zur Kita bringen, dann zum Job, sich dort beweisen und allen Anforderungen gerecht werden, Kinder abholen, einkaufen, kochen, sich um größere und kleinere häusliche Sorgen kümmern, ein offenes Ohr haben für Sorgen, Kummer und Wehwehchen, dazwischen Hausarbeit, Reparaturen, Behördengänge usw. usw. Da ist ein 14-Stunden-Tag oft nicht die Ausnahme, sondern eher die Regel.

Nicht von ungefähr ist inzwischen von der »Familienmanagerin« die Rede, denn die Aufgaben einer berufstätigen Mutter sind mindestens ebenso vielfältig wie jene, die im Management anfallen, und der Zeitdruck, unter dem sie steht, kann mit dem eines Angestellten in einer Führungsposition locker mithalten. Hinzu kommen die häufig fehlende Unterstützung durch den Partner und durch die Kollegen sowie die mangelnde gesellschaftliche Wertschätzung der Mehrfachbelastung. Für Mütter geht es vielfach darum, sich selbst und ihrem Umfeld zu beweisen, dass sie genauso leistungsfähig und auch bereit sind, den gleichen Einsatz zu bringen, wie Frauen und Männer ohne Kinder (»… rückwärts und mit Stöckelschuhen …«).

Dieser Anspruch erzeugt natürlich auch immensen inneren Druck. Beruflich ebenso erfolgreich und belastbar zu sein wie vor der Mutterschaft, den Kindern eine liebevolle und aufmerksame Mutter sein, dem Mann eine attraktive und aufgeschlossene Partnerin bleiben und nebenbei den

Haushalt stemmen, all das entpuppt sich oft genug als Illusion, denn dazu müsste der Tag wohl doppelt so viele Stunden haben.

Jede fünfte Mutter ist Burnout-gefährdet

Damit ist klar, dass Burnout nicht nur ein Problem für Manager, Lehrer, Sozialarbeiter, Pflegekräfte, Sportler, Ärzte und Polizisten ist. Die chronische Erschöpfung ist längst in den Familien angekommen. Burnout ist zum Problem der ganzen Gesellschaft geworden. Wie mittlerweile auch wissenschaftliche Studien belegen, trifft Burnout häufig berufstätige Frauen mit Kindern. Man schätzt, dass jede fünfte Mutter Burnout-gefährdet ist.

Oftmals kommen zum alltäglich zu leistenden Kraftakt noch zusätzliche Herausforderungen: Ein Kind wird krank, die eigenen Eltern immer hilfsbedürftiger, im Job fallen zwei Kollegen aus und die Arbeit wird auf wenigen Schultern verteilt, die dann mehr zu tragen haben usw. Mütter stehen meist unter enormen Zeitdruck. Die Hektik wird dadurch verschärft, dass sie sich ständig im raschen Wechsel um die verschiedensten Belange kümmern müssen. Diese vielfältigen Belange machen Erholung vom Alltag schwer. Unter Alltag verstehen wir ja normalerweise alle Werktage außer den Wochenenden, den Feiertagen und der Urlaubszeit. Dann ist Freizeit, Vergnügen und Entspannung angesagt. Doch für Familienmanagerinnen fallen diese Erholungsphasen meist aus. Nicht nur, dass die Gedanken um das Wohl der Lieben sich nicht per Knopfdruck einfach abschalten lassen: Als Hauptansprechpartnerin für Sorgen und Probleme der Kinder und oft auch für die des Partners ist eine Mutter immer im Dienst. Das lässt sich eine Zeit lang stemmen, doch auf Dauer geht es an die Substanz. Mit leisen Schritten macht sich die Lebensfreude davon und die Erschöpfung hält Einzug. Die permanente Mehrfachbelastung durch Beruf, Hausarbeit und Kindererziehung zehrt und zerrt an der Psyche und an der Gesundheit.

Familienfreundliche Unternehmen – noch immer ein Mythos?

Kinder und Karriere passen in Deutschland nach wie vor schlecht zusammen. Zwar wird landauf, landab das hohe Lied der Vereinbarkeit von Beruf und Familie gesungen, doch in der Realität sieht das meist anders aus. Die vielfältigen Anforderungen an Mütter werden, allen familienpolitischen Reformen zum Trotz, von vielen Arbeitgebern noch immer nicht angemessen mitgedacht. Die meisten haben sich längst noch nicht auf die Bedürfnisse gut qualifizierter Mitarbeiterinnen eingestellt. Zwang zur Flexibilität, Schichtarbeit, Überstunden und Arbeit an den Wochenenden erschweren trotz aller Verlautbarungen zur Familienfreundlichkeit in Unternehmen eine tatsächliche Vereinbarkeit von Beruf und Familie massiv.

Obgleich mittlerweile ca. zwei Drittel aller Mütter mit minderjährigen Kindern berufstätig sind, fehlt es an familienfreundlichen Arbeitszeiten und in der Kita-Landschaft klaffen noch immer große Lücken. Dies wird vor allem wieder Alleinerziehenden zum Fallstrick. Zwei Drittel aller alleinerziehenden Mütter würden gerne ihre berufliche Situation verbessern bzw. würden gerne überhaupt erwerbstätig sein, um ein existenzsicherndes Familieneinkommen zu erwirtschaften. Sie scheitern jedoch an den Rahmenbedingungen: fehlende Angebote an flexiblen und Teilzeit-Arbeitsplätzen, befristete Arbeitsverträge, geringe Akzeptanz des Arbeitgebers für die Situation von Müttern und die zu geringe Anzahl an Kitaplätzen – insbesondere für kleine Kinder und bei der Ganztagesbetreuung.

Vor allem die fehlende Krippenplätze werden für Mütter, die nach der Elternzeit wieder in ihren Beruf einsteigen möchten, zum Bremsklotz für die Karriere. Häufig können sie im Job nicht dort anknüpfen, wo sie vor der Geburt des Kindes gestanden hatten. Ein Wiedereinstieg nach längerer Zeit bedeutet für mehr als vier Fünftel aller Mütter, sich mit einem Teilzeitjob mit geringerem Verantwortungsbereich und niedrigerem Gehalt zu arrangieren. Darin wird auch einer der Gründe gesehen, weshalb beispielsweise Akademikerinnen schon seit Längerem weniger bereit sind, Mutter zu werden.

Mehrfach belastet: Alleinerziehende

Etwa jedes vierte Kind wächst nicht mehr in einer klassischen Vater-Mutter-Kind-Familie, sondern mit nur einem Elternteil heran. Dabei sind Alleinerziehende keine homogene Gruppe, denn es gibt ja sehr unterschiedliche Gründe dafür, Kinder ohne einen Partner aufzuziehen: ledig bleiben aus Überzeug, Trennung oder Scheidung, Tod des Ehe- oder Lebenspartners.

Neun von zehn Alleinerziehenden sind Frauen, das sind insgesamt über zwei Millionen Mütter. Sie müssen den Spagat zwischen Kindererziehung und dem Erwirtschaften eines existenzsichernden Einkommens gänzlich aus eigener Kraft zuwege bringen.

Viele Alleinerziehende, vor allem Mütter von Kindern unter drei Jahren, leben dabei in äußerst bescheidenen Verhältnissen, wo jeder Euro zweimal umgedreht werden muss. Etliche bewegen sich an oder unterhalb der Armutsgrenze. Finanzielle Probleme sind ein zusätzlicher Stressfaktor, der auf die Seele drückt. Obgleich Alleinerziehende in besonderem Maße auf einen existenzsichernden Job angewiesen sind, betrifft die Arbeitslosigkeit und die geringfügige Beschäftigung diese Gruppe mit am stärksten. Auch gut ausgebildete Frauen mit Kind müssen oft lange suchen oder sich mit zeitlich befristeten Jobs begnügen, die ihrer Qualifikation nicht gerecht werden.

Obwohl Alleinerziehen mehr und mehr zu einer akzeptierten Lebensform geworden ist, haben Ein-Eltern-Familien noch immer mit vielen Nachteilen in der Gesetzgebung, dem Steuerrecht und der Sozialplanung zu kämpfen. Besonders für Alleinerziehende ist eine sichere und zuverlässige Kinderbetreuung der Dreh- und Angelpunkt für alle Aktivitäten, seien es Aus-, Fort- und Weiterbildungsangebote, der Wiedereinstieg in den Beruf oder auch die Möglichkeit, sich zu erholen und zu entspannen. Auch wenn der Sprung aus der Armutsfalle geglückt ist und die Sicherheit eines guten Jobs und geregelten Einkommens der alleinerziehenden Mutter den Rücken stärkt, ist und bleibt ihre Lage alles andere als einfach. Was macht sie, wenn ein Kind krank wird oder einen Unfall hat, wenn schulische Probleme auftauchen oder die einsetzende Pubertät eines Kindes sie vor ganz neue Herausforderungen stellt? Als Haushaltsvorstand muss sie sich trotzdem im Beruf bewähren und die gewohnte Leistung bringen, will sie nicht mit ihrer Familie in die Arbeitslosigkeit abrutschen.

Der Alltag von Müttern heißt oft: sich hier kümmern, sich da kümmern, sich dort kümmern. Dies gleicht einem Jonglieren mit verschiedenen Tellern. Fällt einer herunter, gibt es einen Scherbenhaufen. Erstaunlich eigentlich, dass sich – Geburtenrückgang hin oder her – trotz noch immer unzureichender Rahmenbedingungen über drei Viertel aller Frauen dafür entscheidet, Mutter zu werden, oder?

Sind Sie Burnout-gefährdet?

Burnout – was ist das eigentlich genau?

Burnout bedeutet »ausgebrannt sein« und bezeichnet das Endstadium eines schleichenden Prozesses der stetigen Überforderung. Erstmalig verwendet wurde der Begriff »Burnout« im Jahr 1974. Der amerikanische Psychologe Herbert Freudenberger fand heraus, dass im sozialen Bereich viele junge, ursprünglich hoch motivierte Arbeitskräfte nach wenigen Jahren ihren Elan verloren hatten und nur noch erschöpft und widerwillig ihre Arbeit leisteten. Dieses Phänomen bezeichnete er als »Burnout-Syndrom«.

Burnout sei ein »*schleichender Verbrauch emotionaler und geistiger Kraft und Entwicklung von innerer Leere mit entsprechenden sozialen und psychischen Folgen*«, so hat die Sozialpsychologin Prof. Christina Maslach 1982 das Burnout-Syndrom umrissen. Dieser »schleichende Verbrauch« entsteht dann, wenn wir über längere Zeit hinweg über die eigenen Kräfte leben, das heißt, wenn es zu einem dauerhaftem Missverhältnis zwischen den Anforderungen des beruflichen und privaten Umfelds sowie den Erwartungen an die eigene Leistungsfähigkeit zum einen und den körperlichen und psychischen Ressourcen zum anderen kommt. Das Missverhältnis baut sich auf, wenn wir nach einer Anstrengung nicht oder nur unzureichend für eine ausgleichende Entspannung sorgen, unserem Organismus also keine Chance geben, neue Kraft schöpfen. Das kann eine ganze Weile gut gehen – und auf einmal geht es nicht mehr. »Der Krug geht zum Brunnen, bis er bricht«, sagt ein altes Sprichwort. Man spricht von drei für Burnout relevanten Dimensionen:

- die Lebensumstände
- die Arbeitsumstände
- die Persönlichkeit

Zu den Lebensumständen zählen beispielsweise Faktoren wie der Schlaf, die Wohnumgebung, vorhandene oder fehlende Erholungsmöglichkeiten, Beziehungen zur Familie, zu Freunden und Nachbarn.

Beim Arbeitsumfeld spielen nicht nur die Arbeitsabläufe an sich eine Rolle, sondern auch die subjektiv empfundene Über- oder Unterforderung, das Verhältnis zum Chef und zu den Kolleginnen und Kollegen, klare oder unklare Aufgabenstellungen und Zuständigkeiten, das Maß an Anerkennung und Wertschätzung usw. Bei der Arbeit im Haus natürlich auch die Größe und der Zuschnitt der Wohnung. Wenn wir uns beengt sehen, wenig Stauraum haben und täglich anfallende Handgriffe in der Hausarbeit umständlich sind, empfinden wir eher Stress, als wenn wir Platz haben und die Arbeiten ergonomisch flüssig abzuwickeln sind.

Im Bereich der Persönlichkeit werden bestimmte Prägungen, Eigenschaften und Verhaltensweisen immer wieder im Zusammenhang mit Burnout genannt, beispielsweise die Neigung zum Perfektionismus, (zu) stark ausgeprägte Hilfsbereitschaft und der Widerwille, Aufgaben zu delegieren. Vor allem also pflichtbewusste Menschen, diejenigen, die sich voll einsetzen, denen gute Resultate wichtig sind und die es genau nehmen mit dem, was sie tun, gelten als besonders gefährdet.

Das Gefährliche am Burnout ist, dass er sich meist ganz unbemerkt einschleicht. So können wir über lange Zeit hinweg zupackend und energiegeladen bis spät in die Nacht hinein arbeiten oder uns wochenlang um ein immer wieder aus dem Schlaf aufschreckendes Baby kümmern und dabei unsere eigenen körperlichen und seelischen Bedürfnisse ignorieren, ohne dass es nennenswerte Folgen hat. Ein wenig Kopfweh hier, ein wenig Magendrücken da, Anflüge von

Ungeduld und Gereiztheit, ein Schnupfen, der nicht weggehen will – das ist ja nichts, worüber man sich großartig Gedanken machen müsste, oder?

Scheinbar aus dem Nichts aufkommende Gefühle von Mutlosigkeit, gepaart mit Müdigkeit und Antriebsschwäche, sind Begleiterscheinungen des anstrengenden Alltags vieler Mütter. Hier die Grenze zu sehen zwischen dem Normalen und einem sich anbahnenden chronischen Erschöpfungszustand ist nicht einfach.

Auch Sorgen um die Schulleistungen, die Versorgung, die Probleme und Entwicklungskrisen heranwachsender Kinder sind ganz normal, solange sie nicht dazu führen, schier an nichts mehr anderes denken zu können. Oft erst nach Monaten oder Jahren macht sich ein fortgesetzter Raubbau an Körper und Seele so deutlich bemerkbar, dass wir nicht mehr wegsehen können. Doch wo hört das Normale auf und wo fängt das Ausbrennen an?

Burnout ist keine Krankheit mit eindeutigen diagnostischen Zuschreibungen wie beispielsweise eine Kreislauferkrankung, eine Allergie oder eine Phobie. Für einen einsetzenden Burnout-Prozess gibt es viele Indizien, die sich in ganz unterschiedlicher Ausprägung zeigen können, da jeder von uns anders auf eine chronische Überlastung reagiert.

Zu den Symptomen, die im Zusammenhang mit Burnout gesehen werden, gehören vor allem:

Auf der körperlichen Ebene
- häufige Müdigkeit
- Schlafstörungen
- häufige Befindlichkeitsstörungen ohne erkennbare Ursache
- erhöhte Anfälligkeit für Infektionen
- Kopf- und Rückenschmerzen
- Magen- und Darmbeschwerden

Auf der mentalen Ebene
- Konzentrationsstörungen
- Vergesslichkeit
- erlahmendes Interesse am Beruf oder Aufgabenbereich

Auf der psychischen Ebene
- Antriebsschwäche, Lustlosigkeit
- Ungeduld, Gereiztheit, Aggressivität
- Gefühle des Versagens, der Sinnlosigkeit
- Stimmungsschwankungen
- häufige Schuldgefühle
- häufige Fluchtgedanken, einfach nur noch wegwollen
- Angst, den Anforderungen nicht mehr gewachsen zu sein
- häufige Niedergeschlagenheit
- ständiges Überlastungsgefühl

Dass Burnout-Symptome sich von Fall zu Fall anders zeigen können, erschwert eine eindeutige Diagnose. Jedes Symptom für sich genommen kann ein Hinweis sein, muss aber nicht, denn es kann immer auch anders interpretiert werden. Häufige Spannungskopfschmerzen beispielsweise können ebenso auf Blutdruck,- Rücken- oder Kieferprobleme oder auch auf eine unerkannte Infektion hinweisen.

Meistens aber treten die Symptome nicht vereinzelt, sondern in Kombination miteinander auf; also beispielsweise der Spannungskopfschmerz in Verbindung mit Konzentrations- und Schlafstörungen, mit Stimmungsschwankungen und häufiger Niedergeschlagenheit, wodurch sich dann die Wahrscheinlichkeit verdichtet, dass es sich um einen beginnenden Burnout handeln könnte. Mehr Klarheit schafft hier der Gang zum Hausarzt, den wir auch offen auf unsere Vermutung ansprechen sollten.

Burnout ist nicht eins zu eins mit einer Depression gleichzusetzen. Wer an einem Burnout-Syndrom erkrankt ist, fühlt sich zwar häufig zutiefst erschöpft, ist aber – zumindest bis zu den letzten Stufen des Verlaufes – trotzdem aktiv und bemüht, trotz Müdigkeit und Überdruss alles in gewohnter Manier auf die Reihe zu kriegen. Erst dann, wenn die Erschöpfung schließlich die Oberhand gewinnt, häufen sich Angstanfälle und depressive Zustände.

Bei depressiven Menschen ist der Antrieb, aktiv zu sein, generell sehr eingeschränkt. Sie können sich oft zu nichts aufraffen und leiden auch häufig unter starken Selbstwertzweifeln.

Während das Burnout-Syndrom daraus resultiert, dass über längere Zeit hinweg der Energieverbrauch höher ist als die vorhandene Energie, kann sich eine Depression sowohl als Reaktion auf ein tragisches Lebensereignis entwickeln als auch ganz plötzlich auftreten, ohne erkennbaren psychischen oder sozialen Hintergrund.

Burnout-Forscher haben unter Berücksichtigung der Vielfalt möglicher Symptome eine Systematik entwickelt, die veranschaulicht, was einen Burnout-Prozess und seinen Verlauf kennzeichnet. Dabei werden verschiedene Phasen beschrieben, die natürlich nicht bei jeder und jedem absolut identisch so ablaufen, sondern nur eine grundsätzliche Orientierung geben. Vom Drang, sich für etwas einzusetzen und sich zu beweisen, führt der Bogen über verstärkten Einsatz und das »Verlernen« von Erholung und Entspannung, über das Verleugnen von Problemen und Konflikten bis hin zum sozialen Rückzug und schließlich zu innerer Leere, zu Depressionen und Verzweiflungszuständen, die auch in Suizidgedanken münden können. Alle diese Symptome treten meist zusammen mit körperlichen Beschwerden auf.

Burnout ist kein Wehwehchen. Wer Tag für Tag unter Hochdruck lebt und sich keine Ruhe gönnt, landet irgendwann auf der Intensivstation. Wird über die Symptome eines sich anbahnenden Burnout einfach hinweggesehen, wird die Erschöpfung in chronische physische und psychische Erkrankungen münden und wir sind dann für lange Zeit arbeitsunfähig. Oft hilft dann nur noch ein Klinikaufenthalt aus der Erschöpfung heraus. Deswegen ist es der bessere Weg, Anzeichen für Burnout früh wahrzunehmen. Denn nur, wenn wir erkennen, wo wir über unsere Kräfte leben, können wir auch Strategien entwickeln, um unser inneres Gleichgewicht wiederzufinden.

Selbsttest: Vorübergehendes Tief oder Burnout?

Die Beantwortung der folgenden Fragen hilft Ihnen zu erkennen, ob es zu viel Stress in Ihrem Leben gibt und Hinweise für einen beginnenden Burnout vorliegen könnten. Lesen Sie bitte jede der folgenden Aussagen aufmerksam durch. Entscheiden Sie, ob bzw. in welchem Maße sie auf Sie zutrifft. Bitte treffen Sie Ihre Einschätzung möglichst spontan »aus dem Bauch heraus«. Wenn Sie den Test abgeschlossen haben, zählen Sie die einzelnen Punkte zusammen.

nie/sehr selten	0 Punkte
selten	1 Punkt
manchmal	2 Punkte
oft	3 Punkte
sehr oft/fast immer	4 Punkte

Aussage	Punkte
Ich fühle mich frustriert in meiner Arbeit.	
Ich bin meinem Partner/meinen Kindern gegenüber gereizter als früher.	
Kontakt mit Kollegen und/oder Kunden strengt mich an.	
Ich fühle mich wie eine Maschine, versuche irgendwie, zu »funktionieren«.	
Schon am Nachmittag fühle ich mich verbraucht, ausgelaugt, kaputt.	

Aussage	Punkte
Ich vermisse meine frühere Kreativität, meine Tatkraft, den Wunsch, etwas zu bewirken.	
Auf Forderungen oder Kritik reagiere ich genervt.	
Ich habe das Gefühl, dass mir alles zu viel wird.	
Ich bin niedergeschlagen.	
Ich fühle mich zu erschöpft, um etwas mit den Kindern zu unternehmen.	
In den letzten Monaten haben sich körperliche Symptome gehäuft.	
Ich ziehe mich von meinem Freundeskreis zurück.	
Ich greife häufiger als früher zu Alkohol oder Medikamenten.	
Ich fühle mich innerlich leer.	
Ich mache mir viele Sorgen um die Kinder.	
Es sind Ängste aufgetreten, die ich früher nicht kannte.	
Ich fühle mich ständig unter Spannung.	
Ich habe das Gefühl, dass Pausen nur verschwendete Zeit sind.	
Ich nehme Schlaf- oder Beruhigungsmittel.	
Ich habe Angst, dass ich nicht durchhalte.	
Ich bin der Meinung, dass nur das, was ich selbst erledigt habe, gut genug ist.	
Für das, was ich leiste, bekomme ich zu wenig Anerkennung.	
Ich fühle mich machtlos, meine Situation zu verändern.	
Ich habe öfter als früher Schmerzen in Nacken, Schulter oder Rücken.	

Aussage	Punkte
Ich bin enttäuscht von meinen Kindern/meinem Partner/meinen Kollegen.	
Ich bin anfällig für Infektionen.	
Ich fühle mich entmutigt, wenn ich morgens aufstehe und einem neuen Arbeitstag entgegenblicke.	
Ich habe das Gefühl, dass der Wert meiner Arbeit nicht wahrgenommen wird.	
Ich finde es schwierig, abzuschalten.	
Mein Zeitplan ist so eng, dass nie etwas schiefgehen darf.	
Ich empfinde Widerwillen gegen das, was ich alltäglich zu tun habe.	
Ich habe den Spaß an den meisten Dingen verloren.	
Ich leide unter Konzentrationsschwäche und Vergesslichkeit.	
Ich habe den Eindruck, mit immer mehr Energieaufwand immer weniger zu erreichen.	
Ich mache – anders als früher – sarkastische Bemerkungen über andere.	
Ich fühle mich hilflos.	
Ich fühle mich durch die Anforderungen des Alltags emotional erschöpft.	
Ich habe Schuldgefühle, weil ich mich nicht genügend um das Kind/die Kinder kümmern kann.	
Ich nehme mir viele Dinge vor und schaffe nur wenige.	
Ich glaube, dass niemand mich versteht.	

Bitte beachten Sie, dass es sich hier nur um einen kurzen, allgemein gehaltenen Test handelt, der dazu dient, Stressfaktoren und Stresssymptome genauer zu erkennen. Es ist hilfreich, zu reflektieren, welche Lebens- und Arbeitsbedingungen und welche persönlichen Denk- und Verhaltensmuster Burnout begünstigen können und welche körperlichen und psychischen Anzeichen typische Hinweise für einen sich anbahnenden Burnout-Prozess sind.

Der Test ersetzt natürlich keinesfalls eine ärztliche und psychologische Diagnose. Ganz unabhängig davon, wie das Ergebnis des Tests für Sie aussieht: Wenn Sie den Eindruck haben, Burnout-gefährdet zu sein, dann sollten Sie auf jeden Fall einen Arzt oder einem Therapeuten konsultieren.

Auswertung

Bis 30 Punkte: Keine Gefährdung
Liegt Ihr Gesamtpunktwert unter 30, sind Sie nicht Burnout-gefährdet. Phasen starker Beanspruchung wechseln ab mit Entspannung und Erholung. Offensichtlich gelingt die Balance zwischen Job und Familie oder Sie sind als Vollzeit-Mutter zufrieden und haben eine gute Stress-Resistenz entwickelt. Wahrscheinlich beteiligt sich auch Ihr Partner angemessen an den anfallenden Aufgaben im Haushalt, sodass Sie sich Ruhe und Entspannung gönnen können, und/oder Sie haben Ihre Ansprüche reduziert, dass alles perfekt zu laufen hat.

31–70 Punkte: Sie stehen an der Grenze zum Burnout
Wahrscheinlich haben Sie öfter das Gefühl, dass Ihnen Job, die Erziehung und Versorgung der Kinder und Ihr Alltag ganz allgemein mit all den zig Dingen, die ge-

macht, geregelt und auf den Weg gebracht wollen, zu viel werden. Je höher Ihre Punktzahl ist, desto mehr nähern Sie sich der emotionalen Erschöpfung. Wenn Sie weiterhin mehr Kraft investieren, als dass Sie Ihre Batterien durch Erholung, Entspannung und lustvolle Aktivitäten neu aufladen, steuern Sie in einen Burnout hinein. Deswegen ist es jetzt wichtig, sich um Ihre ureigenen Kraftquellen zu kümmern und sich auch zu überlegen, von welchen Aufgaben Sie sich entlasten können und was Sie ganz konkret unternehmen können, um wieder in Ihre innere Balance zu kommen. Dieses Buch zeigt Ihnen Möglichkeiten auf, wirksam gegenzusteuern.

Über 70 Punkte: Sie sind körperlich und emotional erschöpft
Punkte über 70 zeigen ein erhöhtes Burnout-Risiko auf bzw. ein bereits sich deutlich anbahnendes Burnout-Syndrom. Ob es die Situation im Job ist oder die Last der Aufgaben zu Hause – Sie leben schon seit geraumer Zeit mit einem Energie-Defizit und erfahren emotionale Erschöpfung schon fast als normal in Ihrem Leben. Nichts freut Sie mehr so richtig, stattdessen sind Sie genervt und öfter auch »nah am Wasser gebaut«.

Sie sollten umgehend Ihre Erholungsfähigkeit wieder aufbauen. Welche Möglichkeiten können Sie nutzen, um regelmäßig Ihre Akkus wieder aufzuladen? Wie und wo können Sie sich häufiger zwischendurch entspannen? Wie könnten andere, beispielsweise Ihr Partner, Sie dabei unterstützen?

Gut wäre es auch, professionelle Hilfe in Anspruch zu nehmen, um innerlich wieder Kraft schöpfen zu können.

Teil 1: Ursachen

Stress von außen

Burnout ist eine Folge davon, sich immer wieder über die eigenen Kräfte hinaus zu verausgaben und schließlich nicht mehr entspannen und sich regenerieren zu können. Wenn ein Burnout-Prozess beginnt, gibt es dabei sowohl äußere als auch innere Stressfaktoren, die zur chronischen Erschöpfung beitragen. Zu den Stressfaktoren von außen gehören vor allem:

- Überforderung durch Planungszwänge
- sich verschärfende Rahmenbedingungen in der Arbeitswelt
- Risiken der Teilzeitarbeit
- energiefresser Hausarbeit
- der Fluch der Unterbrechung
- fehlende Wertschätzung
- überzogene Erwartungen anderer
- Schule: Stress bei Müttern und Stress bei Kindern
- Kinder, die nicht flügge werden
- Mutter und Tochter zugleich sein

Überforderung durch Planungszwänge

Heute fallen die Phasen höchster beruflicher Beanspruchung und die Gründung einer Familie meist zusammen. Das bedeutet, dass relativ wenig Zeit zur Verfügung steht und Ereignisse dicht aufeinanderfolgen. Die Gründe dafür liegen in langen Ausbildungszeiten und spätem Berufseintritt. Heute sind junge Frauen besser ausgebildet als die Generation ihrer Mütter. Viele streben an, erst Berufserfahrung zu sammeln und mit ihrem Wissen und Können auch Karriere zu machen, bevor sie eine Familie gründen wollen. Studium mit Kind, befristete Arbeitsverträge oder gering vergütete Praktika verheißen eine unsichere Zukunft und sind dem Kinderwunsch abträglich.

Wenn beispielsweise Hochschulabsolventinnen ihr Studium beenden, sind sie im Schnitt 28 bis 29 Jahre alt. Nach langer Ausbildung, etlichen Praktika und befristeten Jobs halten sie den ersten festen Arbeitsvertrag mit durchschnittlich ca. 30 Jahren in den Händen.

So geschieht dann in der Lebensphase zwischen 30 und 40 vieles auf einmal und damit wächst auch der Druck, es möglichst perfekt hinzubekommen. In Zeiten, in denen es keine Arbeitsplatzgarantien mehr gibt und maximale Flexibilität als selbstverständlich vorausgesetzt sind, gilt es, den Arbeitsplatz abzusichern und auf keinen Fall den Anschluss an das berufliche Fortkommen zu verpassen.

Wir müssen in dieser Lebensphase mit den wachsenden Anforderungen in unserem Tätigkeitsfeld ebenso klarkommen wie mit wechselnden Zuständigkeiten, den Auswirkungen rascher Entscheidungen und mit Konkurrenzkämpfen. Ebenso aber erscheint es nun angesagt, sesshaft zu werden, eine Familie zu gründen. Sobald die entsprechenden Voraussetzungen stimmen: Im Beruf wurde Fuß gefasst, die Partnerschaft ist stabil, man hat etwas von der Welt gesehen, vielleicht wurde nun auch ein Haus gekauft oder gebaut. Der Wunsch nach Nachwuchs scheint sich jetzt erst gesichert in die Lebensplanung einpassen zu lassen. So kommt dann vielleicht reiflich überlegt der Entschluss zum Kind.

Schließlich tickt auch die biologische Uhr. Wenn jetzt kein Kind, wann dann? Also wird es nun gewagt, Mutter zu werden, in der Hoffnung, dass dies nicht auf Kosten der endlich erreichten beruflichen Position gehen wird. Konflikte zwischen beruflichen Anforderungen, privater Planung und der allseits geforderten Flexibiliät sind aber oft unvermeidlich. Kein Wunder, dass dabei das Gefühl der Überforderung manchmal überhandnimmt. Wenn dann gleichzeitig die mittlerweile oft schon über sechzigjährigen eigenen Eltern krank werden und Unterstützung brauchen, spitzt sich die Lage noch weiter zu.

Sich verschärfende Rahmenbedingungen in der Arbeitswelt

Infolge des Strukturwandels ist es heute in vielen Betrieben gang und gäbe, dass psychische und mentale Spitzenleistungen zum ganz normalen Alltag gehören: hohe Konzentration trotz häufiger Störungen, Arbeiten unter permanentem Zeit- und Termindruck und der Zwang zu schnellen Entscheidungen. Hinzu kommt, dass wir neue Technologien in immer kürzeren Abständen beherrschen müssen. Hohe Flexibilität und Mobilität sind gefordert, ständige Erreichbarkeit vielfach ein Muss und das persönliche Gefühl der Sicherheit wird mehr und mehr durch befristete Arbeitsverträge unterminiert. Kommen noch weitere Erschwernisse hinzu, wie beispielsweise Schichtarbeit, Arbeit auf Abruf oder häufiger Dienst am Wochenende, dann zehrt das natürlich verstärkt an den Kräften. Beschwerden über derartige Überforderungen werden oft nur als Zeichen für einen individuellen Mangel an Belastbarkeit interpretiert. Die Arbeitsbedingungen selbst werden nicht in Frage gestellt, denn das würde entsprechende Konsequenzen in der Arbeitsorganisation erfordern.

Doch ob überhöhte Erwartungen der Betriebsleitung, unrealistische Terminvorgaben oder steigender Arbeitsumfang bei immer dünner werdender Personaldecke: Das alles ist für Mütter nur die eine Seite der Medaille, die andere Seite sind die Anforderungen, die die Familie stellt, und diese sind nicht minder anspruchsvoll.

Kinder richten sich in ihren Bedürfnissen nicht nach arbeitsbedingten Zwängen. Sie brauchen Zuwendung und Unterstützung, sie wollen gepflegt sein, wenn sie krank sind, brauchen ein offenes Ohr für Probleme – auch dann, wenn es nicht in den Terminkalender oder den Arbeitsplan passt. Das schafft permanent Konflikte und routiniertes Jonglieren mit den Anforderungen, die der Job mit sich bringt, und den Anforderungen, die die Familie stellt.

Dank der modernen Hirnforschung ist zwar klar, dass wir in der Lage sind, permanent dazuzulernen, da sich unsere neuronalen Netze stetig neu verknüpfen. Das heißt aber nicht, dass wir für den alltäglichen Ansturm verschiedenster Herausforderungen und der hohen Taktzahl an Informationen mental und körperlich geschaffen sind, ohne dass es nicht auf Dauer zu Verschleißerscheinungen kommt.

Wenn wir uns tagtäglich mit einen Berg vielfältigster zu lösender Probleme herumplagen, setzt uns dann nicht nur ein schlechtes Gewissen zu, weil das, was wir tun, immer zu wenig zu sein scheint. Sondern wir können uns auch zusehends schlechter konzentrieren, weil wir, egal, womit wir gerade beschäftigt sind, zugleich denken: »*Eigentlich müsste ich jetzt gleich … und dann müsste ich noch … und ich muss daran denken, dass …*«

Die ganz persönliche Einschätzung, Arbeit, Familie und Freizeit gut miteinander vereinbaren zu können, fällt umso negativer aus, je weiter die Menge und die Komplexität der Anforderungen in Betrieb und Familie anwachsen. Und die Zeit scheint eben einfach nie zu reichen, um all das zu erledigen, was erforderlich wäre, um den eigenen Ansprüchen und denen von Chef, Kollegen, Partner und Kindern wirklich erfüllen zu können. So sehen viele Mütter die Lösung in einer Teilzeitbeschäftigung, in der Hoffnung, diese später wieder aufstocken zu können.

Risiken der Teilzeitarbeit

Die Erwartung, mehr Zeit für die Familie zu gewinnen, ist der mit Abstand am häufigsten genannte Grund, die Arbeitszeit zu verringern. Rein rechnerisch gesehen, scheint Teilzeitarbeit die Lage entspannen zu helfen. Weniger Zeit im Betrieb = mehr Zeit für Familie und Freizeit. Eine Gleichung, bei der alle gewinnen und die zwangsläufig zu Belastungs- und Stressabbau führt. Tatsächlich?

Aktuelle Studien der Universität Graz weisen in eine andere Richtung. Sie zeigen, dass Arbeitnehmer/innen, die in Teilzeit berufstätig sind, unter Umständen sogar stärker Burnout-gefährdet sein können, als es in Vollzeit Beschäftigte sind. Diesen Untersuchungen zufolge zeigen sich die größten Beanspruchungen nicht bei ganztägig Beschäftigten, sondern bei jenen, die in Teilzeit arbeiten.

Teilzeitbeschäftigte müssen sich oftmals stärker einsetzen, um zu beweisen, dass durch die Reduktion der Stundenzahl die Qualität ihrer Arbeit nicht geringer ausfällt als bisher. Auch die mangelnde Berücksichtigung bei Schulungsmaßnahmen ist für viele Teilzeitbeschäftigte ein Thema. Aus der Weiterbildungsschiene ausgeklammert zu werden vermindert die Chancen, später wieder weiter aufsteigen zu können. Anspruchsvollere berufliche Positionen bleiben – bislang zumindest – an Vollzeiterwerbstätigkeit gekoppelt. Inklusive der Bereitschaft, Überstunden zu machen.

Manchmal bringt eine Reduktion der Arbeitszeit auch mit sich, einem weniger anspruchsvollen Arbeitsfeld zugeordnet zu werden – Beschäftigungen, die weniger Eigenständigkeit, weniger Entscheidungsbefugnisse und größere Monotonie beinhalten. Dies geht auf Kosten der Motivation. Wer das Gefühl hat, sich im Kreis zu drehen und nicht weiterzukommen, fühlt sich schneller erschöpft als jemand, der relativ selbstbestimmt arbeiten kann, in Entscheidungsprozesse mit einbezogen ist, Inhalte und Ziele der Arbeit als wichtig empfindet und die Vergütung als angemessen einstuft.

Zu den Nachteilen von Teilzeitarbeit zählt natürlich auch das geringere Einkommen. Wenn dies schon in Vollzeit nicht sonderlich üppig war, kann es zu finanziellen Engpässen kommen. Wer seine Arbeitszeit reduziert, zahlt zudem weniger in die Rentenkasse und andere Sozialversicherungssysteme ein, was längerfristig betrachtet neue Probleme aufwirft.

Insbesondere geringfügig Beschäftigte und Teilzeitbeschäftigte mit einem Kontingent bis 20 Stunden wöchentlich sind deutlich unzufriedener mit ihren längerfristigen Aufstiegschancen und Karrieremöglichkeiten als Vollzeitbeschäftigte. Sie sehen sich auch klar im Nachteil, was die Herausforderungen der Arbeit betrifft: interessante Aufgaben, Entscheidungsbefugnisse, Einfluss auf Inhalte und Vorgehensweisen. Teilzeitarbeit kann daher nicht generell als ideale Lösung gelten.

Zudem ist es häufig so, dass die Bereitschaft des Partners, sich an der Hausarbeit zu beteiligen, deutlich abnimmt, wenn Mütter von Vollzeit zu Teilzeit wechseln. Die Reduzierung der Erwerbsarbeitsstunden führt oftmals nicht zu mehr Freizeit und Entspannung, sondern dazu, dass das entstandene »Vakuum« mit zusätzlicher Hausarbeit aufgefüllt wird.

Energiefresser Hausarbeit

Kinder schrauben den Bedarf eines Haushalts an Hausarbeit deutlich in die Höhe. Zum einen fällt in den üblichen Bereichen mehr an, zum anderen gibt es auch neue, durch die Kinder bedingte Hausarbeiten. Obgleich viele Frauen und Mütter voll erwerbstätig sind, verbringen sie deutlich mehr Zeit mit Kochen, Putzen, Waschen, Bügeln, Einkaufen und Aufräumen als ihre Partner oder Ehemänner. Hausarbeit wird gesellschaftlich gegenüber der Erwerbsarbeit seit jeher gering geschätzt. Sie muss gemacht werden, wenn man nicht im Chaos versinken will, aber es gibt keine Vergütung dafür. Gerecht ist das nicht – aber gewohnt und verinnerlicht. Auch heute noch lernen die meisten Frauen oft schon sehr früh im Leben, Arbeiten im Haushalt zu verrichten, während Männer lernen, dass solche Arbeiten von Frauen getan werden. Wie die Mutter, so die Tochter, wie der Vater, so der Sohn. Werden dem keine neuen Modelle entgegengesetzt, dann generiert das soziale Lernen in der Familie immer wieder von Neuem die alten Rollen. Für berufstätige Mütter bedeutet dies dann, dass die Hausarbeit die Zeit wegfrisst, die eigentlich der Erholung und Entspannung dienen sollte. Eine Steilvorlage für Burnout!

Wenn jetzt jene, die Frauen gerne wieder gänzlich aus dem Erwerbsleben zurück an den Herd katapultieren möchten, sich in die Brust werfen und sich bestätigt fühlen, dann irren sie sich. Nicht die Berufstätigkeit ist das Problem, es ist die Hausarbeit.

Denn auch ohne Job ist das Leben für Mütter alles andere als stressarm, und dies ist sowohl bei den Müttern so, die wider Willen arbeitslos sind, als auch bei den Frauen, die sich bewusst dafür entschieden haben, Vollzeit-Mutter zu sein. De facto genießt Erziehungs- und Familienarbeit – anders als andere Dienstleistungen – nur wenig gesellschaftliches Ansehen, auch wenn Politiker nicht müde werden, das Gegenteil zu beteuern.

Und: Wer ausschließlich für Kinder und Haushalt zuständig ist, ist häufig sogar noch stärker angespannt, als es berufstätige Mütter sind. Das mag erstaunen, denn gemeinhin verbinden sich ja mit dem Bild einer Vollzeit-Mutter Vorstellungen von gepflegter Häuslichkeit, Geborgenheit und Kinderlachen und auch, in der glücklichen Lage zu sein, sich entspannt und gelassen die Zeit frei einteilen zu können.

Eine Studie des englischen Kardiologen Dr. Mike Scott sagt etwas ganz anderes aus. Er zeichnete jeweils 24 Stunden lang die Herzfrequenz von nicht berufstätigen Müttern von

Kleinkindern auf und verglich sie mit den Herzfrequenzen Berufstätiger – mit überraschendem Ergebnis: Die Berufstätigen kamen am Arbeitsplatz durchschnittlich auf einen Puls von 80, während die Mütter konstant eine Frequenz von über 100 aufwiesen. Dr. Scott zog daraus den Schluss, dass es der spezifische Dauerstress ist, der dem Körper von Vollzeit-Müttern so zu schaffen macht:

- rund um die Uhr im Einsatz sein und keine echten Freiräume haben; für Hausfrauen sind Feierabend und ein freies Wochenende nicht vorgesehen
- ständig für die Kinder verfügbar und ansprechbar sein
- für Haushaltspflichten allein zuständig sein – und Haushalt ist nie »fertig«, wenn man den ganzen Tag zu Hause ist, ist man auch ständig am Waschen, Spülen, Räumen

Die ständige »Rufbereitschaft« führt zu einer permanenten inneren Alarmbereitschaft, die zudem bewirken kann, auch nachts nicht mehr richtig entspannen und abschalten zu können. Der Körper bleibt, vor allem, wenn die Kinder noch sehr klein sind, stets unterschwellig angespannt. Das geht auf Dauer an die Substanz. Vollzeit-Mutter zu sein ist alles andere als ein Erholungsurlaub. Der Verlust der Erwerbsarbeit belastet häufig mehr, als er eine entlastende Wirkung hat.

Nicht berufstätig zu sein kann in zweifacher Hinsicht zu einem weiteren Stressfaktor werden. Das fehlende Einkommen macht sich bei vielen freiwilligen und unfreiwilligen Vollzeit-Müttern deutlich bemerkbar. Die Spielräume für Anschaffungen, Reparaturen und unvorhergesehene Ausgaben schrumpfen teilweise drastisch. Es ist dann nur noch schwer möglich, notwendige Rücklagen zu bilden. So gehören dann auch die Sorge um die Finanzen und um die Lücken in der Absicherung des Alters mit zum alltäglichen Stresscocktail.

Gerade solche unterschwelligen Stressoren, an die wir zwar nicht ständig denken, die wir aber Tag für Tag im Hintergrund lauern fühlen, belasten die Psyche besonders stark.

Zudem fehlen die Anregungen, die bisher durch den Job vermittelt wurden: herausfordernde Aufgaben, die Kommunikation mit den Kolleginnen und Kollegen, Gespräche mit den Kunden oder Klienten, Arbeit im Team usw. Die Arbeit im Job ist demnach ein wesentlicher Gegenpol zur Haus- und Familienarbeit, da dort Stärken und Fähigkeiten zur Geltung kommen, die sonst auf der Strecke blieben.

Der Fluch der Unterbrechung

Im Rahmen einer Studie hat die amerikanische Computerwissenschaftlerin Gloria Mark ermittelt, dass Büroarbeiter/innen durchsschnittlich alle elf Minuten bei ihrer eigentlich vorgesehenen Tätigkeit unterbrochen werden: durch Telefonate, E-Mails, SMS, Kurzbesprechungen usw. Oft beanspruchen Unterbrechungen doppelt so viel Zeit wie die eigentliche Arbeit.

Was für das Büro gilt, betrifft die Mütter kleiner Kinder in noch weit größerem Maße. Kleinkinder erfordern eine dauernde unterschwellige Präsenz. Gerade wenn sie im Krabbelalter sind und dann ihre ersten Schritte tun, müssen sie eigentlich ständig vor den Gefahren ihrer Umgebung geschützt werden, die sie noch nicht richtig einschätzen können: eine Treppe hinunterzufallen, sich an scharfen oder spitzen Gegenständen zu schneiden, Ungenießbares zu verschlucken, sich die Finger einzuklemmen und so weiter. Sie wollen beschäftigt, beruhigt, umsorgt werden, fordern ein Maximum an Aufmerksamkeit und Zuwendung. So werden Gedanken und Aktivitäten von jungen Müttern eigentlich regelrecht zersplittert und es ist oft kaum möglich, sich einem längeren Gedankengang oder einer anspruchsvolleren Tätigkeit konzentriert zu widmen, weil Wünsche und Anliegen der Kinder sich dazwischendrängen. Jeden Tag gibt es zig dieser kleinen und größeren Unterbrechungen. Kleine Kinder sind ja noch nicht in der Lage, ihre Mutter als eine

Person mit eigenständigen Bedürfnissen wahrzunehmen, sondern gehen ganz selbstverständlich davon aus, dass sie jederzeit da und verfügbar ist.

Auch erfordert es ein hohes Maß an innerer Flexibilität und Einfühlungsvermögen, auf die manchmal rasch wechselnden Stimmungen eines Kleinkindes eingehen und angemessen auf sein Verhalten reagieren zu können. Mütter leisten hier oft emotionale Knochenarbeit, die enorme Anforderungen an die psychische Belastbarkeit darstellt und nicht ohne Folgen für Gesundheit und Wohlbefinden bleibt.

Fehlende Wertschätzung

Die Gründe für das Phänomen der chronischen Erschöpfung werden von Psychologen weniger in der Aufgabenfülle, in besonders schwierigen Aufgaben oder in langen Arbeitszeiten gesehen, sondern in einem Mangel an Achtung und Anerkennung. Fehlende Wertschätzung gilt als die Motivationsbremse Nummer eins in Unternehmen. Umfragen zufolge ist weniger als die Hälfte aller Arbeitnehmer/innen der Ansicht, dass ihre Leistung am Arbeitsplatz angemessen gewürdigt wird. So sind es auch vielfach nicht die hohe Arbeitsbelastung von Müttern und die oftmals fehlende Erholung, die in die chronische Erschöpfung führen, sondern die fehlende Wertschätzung.

Solange wir aus unserem Engagement viel persönliche Zufriedenheit ziehen, sind wir zwar zeit- und kräftemäßig mitunter überfordert, im Großen und Ganzen aber noch im Reinen mit uns und den an uns herangetragenen Aufgaben und Verpflichtungen. Maßgeblich für diese persönliche Zufriedenheit ist auch die Anerkennung der Menschen in unserem Umfeld.

Dank der Motivationsforschung wissen wir heute, wie wichtig positive Feedbacks für ein dauerhaftes und befriedigendes Engagement sind und dass ein Mangel an Wertschätzung unweigerlich ein Defizit in der Motivation nach sich zieht. Dies bezieht sich nicht einmal vorrangig auf die materielle Vergütung, sondern vor allem auf das Gefühl, dass die Arbeit, die wir leisten, gesehen und geachtet wird.

Die Motivationszentren im Gehirn bleiben nur dann auf Dauer aktiv, wenn wir häufig erleben, dass unser Einsatz zu Wertschätzung und Anerkennung durch die Menschen in unserer Umgebung führen. Das Gefühl, Wertschätzung zu erfahren, stärkt den inneren Antrieb und auch die Energie, die wir brauchen, um uns unseren Aufgaben gewachsen zu fühlen. Fehlen positive Feedbacks, dann werden wir auf Dauer lustlos und verdrossen in dem, was wir tun, und bekommen es dann auch häufiger mit Selbstzweifeln zu tun.

Wer sich engagiert ohne dafür angemessen Anerkennung, Zuwendung und Wertschätzung zu erfahren, hat so nach Ansicht vieler Neurobiologen ein deutlich erhöhtes Risiko, krank zu werden, denn Gleichgültigkeit, Missachtung und Ignoranz hemmen die Ausschüttung von Dopaminen, Oploiden und Oxytocin, Hormonen, die positiv auf unsere Handlungsbereitschaft und unsere Lern- und Lebensfreude einwirken. An ihrer Stelle werden dann Stresshormone aktiviert und lassen uns in einer permanenten Hab-acht-Stellung verharren. Dazu tragen fehlende positive Feedbacks vom Chef und von Kollegen ebenso bei wie die Erfahrung, kein Gehör für Ideen und Vorschläge zu finden. Ebenso ist es unserem Selbstwertgefühl abträglich, wenig Kontrolle über unsere Arbeitsabläufe und die Einteilung unserer Zeit zu haben und immer diejenigen Aufgaben erledigen zu sollen, um die sich niemand reißt. Dies kränkt uns, verletzt unser Gefühl für Gerechtigkeit und ist ein Angriff auf das Selbstwertgefühl. Es lässt inneren Groll wachsen und führt auf Dauer dazu, uns innerlich zurückzuziehen.

Wenn dann am Ende des Tages auch der Partner und die Kinder das aufgeräumte Wohnzimmer, die liebevoll zubereitete Mahlzeit, die gebügelte Wäsche wortlos als selbstverständlich hinnehmen, steigt der Frustpegel weiter an.

Wir alle brauchen Wertschätzung für das, was wir leisten. Wenn sie uns vorenthalten wird und wir uns gleichzeitig ständig von allen Seiten unter Druck gesetzt fühlen, steigt die Wahrscheinlichkeit an, dass wir irgendwann keinen Sinn mehr darin sehen, das, was wir Tag für Tag leisten, noch länger stemmen zu sollen. Unsere Unzufriedenheit eskaliert. Wir erleben unsere Überforderung immer intensiver und werden uns gleichzeitig des Mangels an Anerkennung umso deutlicher bewusst. Dies führt zu Spannungen – am Arbeitsplatz und auch zu Hause.

Überzogene Erwartungen: Von der Supermutter zur Superalleskönnerin

Traditionell sind wir gerade in Deutschland davon geprägt, das Bild einer idealen Mutter wie eine Fahne vor uns herzutragen, einer Mutter, die quasi die Eins-zu-eins-Verkörperung von Liebe, Verständnis, Toleranz, Zärtlichkeit, Bescheidenheit und Opferbereitschaft ist. So weit die Überlieferung. Noch unsere Mütter und Großmütter waren stark von den Ansprüchen geprägt, diesem überhöhten Bild zu genügen. Zum Wohle aller selbst zurückzustecken, die Bedürfnisse der Familie in den Vordergrund und die eigenen in den Hintergrund zu stellen.

Auch wenn selbst heute noch vielfach behauptet wird, dies sei von der Natur so vorgesehen, ist doch die Vollzeit-Mutterschaft de facto eine Erfindung des Bürgertums im 19. Jahrhundert und dann bis Ende der 1950er Jahre mehr oder weniger unhinterfragt als gesellschaftliches Leitbild bestehen geblieben. In den Jahrhunderten vorher hatten Frauen, auch wenn sie Mütter waren, immer ihren Part dazu geleistet, die Lebensgrundlagen der Familie zu sichern: Heu rechen, Getreidegarben binden, Melken, Buttern, Spinnen, Weben … Natürlich müssen Kinder liebevoll versorgt und erzogen werden, andernfalls hätte die Menschheit nicht überlebt. Klar ist auch, dass es meist die Mütter waren, die sich dieser Aufgabe gewidmet haben, und doch war es in der Geschichte äußerst selten, dass sie ausschließlich damit beschäftigt waren. Bereits in der Urgesellschaft war die Versorgung und Erziehung von Kindern eine Aufgabe der Gemeinschaft und wurden Kinder von mehreren Personen betreut.

Nun gut, natürlich hat sich seit den 1950er Jahren eine Abkehr von dem ideologischen Bild der Vollzeit-Mutterschaft vollzogen. Es hat sich vieles geändert und die Art und Weise, wie wir heute leben, unterscheidet sich in vielen Punkten von der Lebensweise unserer Eltern und Großeltern. Auch hinsichtlich der rechtlichen und sozialen Gleichstellung von Frauen und Männern hat sich in den letzten fünfzig Jahren viel getan. Doch obgleich Frauen immer höhere Bildungs- und Berufsabschlüsse erwarben und vielfach unter Beweis stellten, dass sie in vielen Bereichen erfolgreich sein können, erfuhr das idealisierte Mutterbild keinen grundlegenden Wandel. Auch heute noch lernen Kinder in der Schule Gedichte auswendig, die aus dem 19. Jahrhundert stammen und ein verklärtes Bild der guten Mutter malen.

Natürlich sind Frauen in Deutschland heute nicht mehr auf die Mutterschaft als einziges Lebensziel festgelegt. Jedoch wird – ausgesprochen oder unausgesprochen – noch immer erwartet, dass sie der Familie und vor allem den Kindern alle anderen Pläne und Ziele unterordnen, sobald sie sich einmal dafür entschieden haben, Kinder zu bekommen.

Gestützt wurde diese Auffassung der Mutterschaft als dominierender Lebensaufgabe durch die These der Psychoanalyse Ende des 19. Jahrhunderts, wonach sich Kinder nur dann gut entwickeln könnten, wenn die Mutter ihren Bedürfnissen die allerhöchste Priorität einräumt. Dieser Theorie zufolge wird die ständige Verfügbarkeit der Mutter für das Kind und dessen Entwicklung zum Muss erklärt und der Umkehrschluss gezogen: dass das Kind irreparable

Schäden erleiden würde, wenn die Mutter nicht rund um die Uhr für ihr Baby da ist. Etwas flapsig formuliert: Wenn aus dem Kind nichts wird, war's immer die Mutter. Annahmen wie diese werden vielleicht nicht offen ausgesprochen, prägen aber noch immer unterschwellig die öffentliche Meinung. Sie bewirken Schuldgefühle und befördern auch die Gefühle permanenten Ungenügens, von denen Mütter häufig geplagt werden.

Dementsprechend steinig kann der Weg dann für diejenigen Mütter sein, die zügig in ihren Job zurückkehren wollen. Vor allem im ländlichen Raum stehen Frauen unter einem enormen Druck, Teile der Erziehungsverantwortung für den Nachwuchs nicht früh an andere zu übertragen. Die gute Mutter ist eben nur die immer verfügbare Mutter.

Wollte man diese These ernst nehmen, müssten beispielsweise die Kinder von Müttern in Frankreich oder in den skandinavischen Ländern mit ihrer gut ausgebauten Infrastruktur an Kinderbetreuungseinrichtungen auch für die Allerkleinsten allesamt Entwicklungsdefizite aufweisen – was niemand ernsthaft behaupten kann.

Zudem ist die Geburtenrate dort höher als hierzulande. Angeführt wird die Geburtenstatistik übrigens von Ländern, in denen Frauen vorwiegend ganztags arbeiten: Schweden, Dänemark, Finnland, Norwegen sowie USA und Frankreich. Ohne den ideologischen Ballast auf den Schultern und mit der Sicherheit, keinen Karriereknick zu erleiden und dabei gleichzeitig ihre Kinder gut untergebracht zu wissen, entscheiden sich dort mehr Frauen als hier dafür, Mutter zu werden. Das sollte zu denken geben.

So allmählich setzt sich diese Erkenntnis auch in Deutschland durch. Die Vorstellungen davon, was die Qualitäten einer guten Mutter sind, verändern sich. Gleichzeitig haben sich andere Idealvorstellungen breitgemacht.

Nicht nur den Kindern eine liebevolle und zugewandte Mama zu sein ist nun angesagt, sondern auch dem Partner oder Ehemann eine leidenschaftliche und emphatische Gefährtin und im Beruf dann cool, ziel- und karriereorientiert vorankommen – das vermitteln uns die Überfrauen aus Spielfilm, Reality-Shows und Werbung.

Hier treffen dann mehrere Idealvorstellungen zusammen, die nicht kompatibel, sondern vielmehr die Quadratur des Kreises sind.

Im Beruf soll ein und die gleiche Frau dann engagiert, verhandlungs- und entscheidungsfähig, kritisch, kreativ, effizient und stressresistent sein – in jeder Hinsicht ein Vorbild. Und niemals trotz Babypausen ihren Beruf so weit aus den Augen verlieren, dass er ihnen nicht jederzeit – sofern es nötig wird – finanzielle Sicherheit gewähren kann. Dies alles jedoch ohne den Vorrang von Kinder und Partner je aus den Augen zu verlieren … und dabei am besten dann auch noch attraktiv, feminin, kollegial, kooperativ, herausfordernd und tolerant zugleich agieren.

Dieses Zerrbild einer Frau, die alles im Griff hat und lieb dabei lächelt, ist alles andere als hilfreich für die Bewältigung des ganz normalen Alltags. Es bewirkt, sich als Normalsterbliche ständig beim Scheitern zu erleben. Kein Wunder, dass sich viele Frauen innerlich zerrissen fühlen zwischen den Ansprüchen, die diese realitätsfremden Rollenmuster nach sich ziehen.

Natürlich, im Gegensatz zu der Generation ihrer Großmütter können Frauen heute auch hierzulande ganz selbstverständlich berufstätig sein, sie »dürfen« auch Karriere machen, erfolgreich sein und in die Führungsetagen aufsteigen – aber, Vorsicht Pferdefuß: Dabei sollen sie natürlich »richtige Frauen« und »richtige Mütter« bleiben, das heißt, sich gleichzeitig an traditionellen Rollenvorgaben ihres Geschlechts orientieren. So ist es erlaubt, dasselbe zu leisten wie der männliche Kollege, doch gleichzeitig gefordert, im täglichen Konkurrenzkampf nett, freundlich und bescheiden zu bleiben und anzustreben, möglichst von allen gemocht zu werden. Für erfolgreiche Männer ist es ein Plus, als zielstrebig und karriereorientiert zu gelten. Hat es aber eine Frau und Mutter – womöglich auch noch in einer typischen Männerdomäne – zu etwas gebracht, unterstellt man ihr sofort, hart und gefühllos zu sein und ihre Kinder zu vernachlässigen.

Schule: Stress bei Müttern und Stress bei Kindern

Mütter haben natürlich bewusste und unbewusste Erwartungen an den Nachwuchs und wünschen sich eine möglichst konfliktarme Zeit des Heranwachsens. Natürlich wollen sie ihre Kinder bestmöglich zu gesunden, leistungsfähigen und glücklichen Erwachsenen erziehen. Doch an der Frage, was nun das Beste für das Kind ist und wie es zu bewerkstelligen ist, dieses »Beste« zu erreichen, kann man sich im Alltag dann öfter mal die Haare raufen.

In unserem Land, das relativ arm an Nachwuchs ist, gelten Kinder zusehends als wertvolle Ressource und so sollen sie von früh an möglichst optimal gefördert und (aus)gebildet werden. Und das noch dazu in einem immer rasanter werdenden Tempo. Nie wurden Bildung und Schule höher gehandelt als heute. Und nie gab es eine größere Vielfalt und dazu gleichzeitig eine kürzere Halbwertszeit von Wissen. Das hätte eigentlich als Konsequenz eine Verlängerung der Schulzeit zur Folge haben müssen – aber nein. Stattdessen wird versucht, das Mehr an Lehrstoff in einer noch kürzeren Zeit in die Köpfe zu hämmern. Als Folge der G8-Reform sollen Kinder nun in acht statt in bisher neun Jahren zum Abitur geführt werden – mit einer stetig expandierenden Stofffülle und entsprechend zusammengedrängten Unterrichtseinheiten. Vom Fordern zum Überfordern ist es da nicht weit. Nachhilfeinstitute haben Hochkonjunktur, denn Hunderttausende von Schülerinnen und Schülern schaffen die Schule nicht ohne zusätzlichen Unterricht.

Möglichst früh möglichst viel Wissen erwerben: Ist das wirklich ein erstrebenswertes Ziel? Und: Geht das überhaupt?

Eigentlich möchte man ja, dass erworbenes Wissen langfristig hängen bleibt, doch das Viel-Zuviel an Lehrstoff verhindert genau dies. Damit einhergehend macht schon seit einiger Zeit der Begriff »Bulimie-Lernen« die Runde: Für die nächste Prüfung möglichst viel Lehrstoff in kurzer Zeit in den Kopf hineinbekommen und für die Prüfung »unverdaut« wieder abrufen, abhaken, fertig, ab ins Vergessen, nächste Prüfung, gleiches Procedere.

Um einen Lehrstoff zu dauerhaftem Wissen zu machen, braucht es Zeit und viele Veranschaulichungen, Wiederholungen und Anwendungen. Doch genau das bleibt auf der Strecke, wenn Schülerinnen und Schüler möglichst rasch durch die Schule geschleust werden. Das bleibt natürlich nicht ohne Folgen. Abgesehen davon, dass Betriebe und auch Uniprofessoren klagen, dass Berufsanfänger und Erstsemester häufig zu wenig wissen, wenn sie von der Schule kommen, hat diese Überforderung natürlich auch Auswirkungen auf die Familien und die Gesundheit der Kinder selbst.

Einer Umfrage des Hamburger Trend- und Meinungsforschungsinstituts »Ears and Eyes« zufolge fühlen sich fast drei Viertel aller befragten Mütter durch die Schule belastet. Viele von ihnen sind auch der Ansicht, dass Probleme mit der Schule ihr Familienleben konkret beeinträchtigen. Die meisten der befragten Mütter üben mit ihren Kindern für die Schule oder helfen ihnen, soweit dies möglich ist, bei den Hausaufgaben. Was natürlich problematisch ist, denn die Lehrinhalte haben sich ja seit der eigenen Schulzeit gehörig verändert. Wo soll die Zeit herkommen, sich mit den neuen Inhalten zu beschäftigen? So bleibt bei Problemen mit dem Lernen oft als Ausweg die professionelle Nachhilfe. Doch dieser Weg bleibt Familien mit schmalem Geldbeutel verschlossen, da helfen auch Bildungsgutscheine nicht sonderlich weiter. Die internationale Bildungsvergleichsstudie Pisa hat unter anderem auch aufgedeckt, dass nirgendwo die Leistungen von Kindern so stark vom Bildungsniveau und den finanziellen Möglichkeiten des Elternhauses abhängen wie bei uns. Mütter erleben hier oft vielfache Konflikte: Einerseits ist da der Anspruch, dass die Kinder den bestmöglichen Abschluss erzielen sollen, damit sie später nicht in Arbeitslosigkeit oder schlechten Jobs landen, andererseits macht ihnen der Stress, den die Kinder in der Schule erleben, selbst zu schaffen. Und zum Dritten leiden sie darunter, bei Schulschwierigkeiten oftmals keine wirkliche Abhilfe schaffen zu können.

Zu hohe Anforderungen schaffen einen überbordenden Leistungsdruck, der dann oft das Gegenteil des Angestrebten bewirkt und zu Selbstzweifeln, Entmutigung und Versagensängsten führt. Kinder sind keine Mini-Erwachsenen, sondern brauchen Zeit, Zuwendung, Bestärkung und kreative Freiräume, um in ihrem eigenen Tempo in das Leben hineinzuwachsen und zu lernen, den vielfältigen Herausforderungen gerecht zu werden. Eigentlich.

Die Realität zeigt ein anderes Bild, nämlich, dass die Gesundheit vieler Jungen und Mädchen durch schulisch bedingte Belastungen stark in Mitleidenschaft gezogen ist. Erhebungen zufolge leidet unter den Schülerinnen und Schülern etwa jede/r Dritte unter Stress-Symptomen und psychosomatischen Beschwerden. Am häufigsten wurden dabei Einschlafprobleme, Gereiztheit, Kopf- und Rückenschmerzen genannt, aber auch häufige Niedergeschlagenheit, Nervosität und Bauchschmerzen plagen die Kinder. Ängste und Sorgen als Reaktion auf die Anforderungen in der Schule – Lehrstoff, Lehrer, Mitschüler – können Kinder in allen Altersstufen quälen. Prüfungsangst verbunden mit der Furcht vor schlechter Benotung nimmt dabei den Spitzenplatz ein, gefolgt von den Auswirkungen eines schlechten Klassenklimas.

Das ist auch für jede Mutter ein Spagat. Einerseits möchte sie, dass ihr Kind gut in der Schule ist, damit es später auch gute Berufsaussichten hat, andererseits möchte sie natürlich auch, dass ihr Kind sich wohlfühlt, sich in die Klassengemeinschaft einfügt und dass es gesund und lebensfroh seinen Alltag meistert. Oftmals scheinen diese verschiedenen Intentionen kaum miteinander in Einklang zu bringen zu sein.

Kinder, die nicht flügge werden

Im Gegensatz zu den 1970er und 1980er Jahren ziehen es heute viel mehr erwachsene Kinder vor, im Elternhaus wohnen zu bleiben, oft noch sechs oder sieben Jahre über die Volljährigkeit hinaus. Dies hat ganz unterschiedliche Gründe. Sie studieren vor Ort, sie sind arbeitslos oder sie schätzen einfach die Bequemlichkeit ihrer vertrauten Umgebung inklusive Rundum-Service. Über zwei Drittel der 18- bis 25-Jährigen leben noch in ihrem Elternhaus. Besonders in ländlichen Gebieten ist das Beharrungsvermögen groß.

Einer der Gründe ist, dass sich heute junge Menschen stärker nach Konstanten in ihrem Leben sehnen als die Generation vorher. In einer globalisierten Welt, die sich immer rascher verändert, vermittelt das Elternhaus Sicherheit und Geborgenheit.

Ein anderer Grund ist schlicht und ergreifend Bequemlichkeit. Sich einfach an den gedeckten Tisch setzen können, sich nicht um Wäsche, Putzkram, Telefon- oder Stromrechnungen kümmern zu müssen und dabei auch noch Geld zu sparen, das scheint offensichtlich für viele junge Erwachsene sehr verlockend zu sein. Anders als früher gilt es auch vor Freunden nicht mehr als blamabel, mit Mitte 20 noch bei den Eltern zu leben. Junge Männer genießen diesen Komfort im Schnitt länger als junge Frauen. Das Wohnen bei den Eltern nimmt ihnen all die Pflichten ab, die damit verbunden sind, auf eigenen Füßen zu stehen.

Bei jenen, die keinen Job finden oder sich in einer Endlosschleife aus Praktika und Zusatzqualifikationen befinden, reicht meist das Geld nicht, um überhaupt an Ausziehen zu denken. Was bleibt dann den Eltern anderes übrig, als die Situation zu akzeptieren?

Für Mütter heißt das meist, dass diese Zeit mit den erwachsenen Kinder im heimischen Nest schlicht auch einen Mehraufwand an Arbeiten im Haushalt bedeutet. Mama putzt, wäscht und kocht. Und manchmal kocht sie vielleicht auch innerlich, weil sie die Rolle der allzeit bereiten Versorgerin auch endlich einmal abstreifen und sich neu orientieren möchte.

Mutter und Tochter zugleich sein

Sich um die alternden Eltern zu kümmern ist eine anspruchsvolle Aufgabe, die viel Energie und Zeit kostet, zusätzlich zu alledem, was wir im Job und mit Mann und Kindern ohnehin schon um die Ohren haben.

Meist fängt es mit kleinen zusätzlichen Aufgaben an, vielleicht damit, etwas mehr Zeit bei den Eltern zu verbringen und ihnen im Haushalt zur Hand zu gehen oder ab und zu einen Einkauf zu erledigen. Doch dann beansprucht es immer mehr Zeit, nach dem Rechten zu sehen und dafür zu sorgen, dass es Vater und/oder Mutter gut geht. Es wird aufwendiger und intensiver, zehrt an den Kräften.

Wenn ein Elternteil dann pflegebedürftig wird, spitzt sich die Situation weiter zu. Die meisten Pflegebedürftigen werden von ihren Angehörigen versorgt und es sind in erster Linie die Töchter und Schwiegertöchter, die den Löwenanteil der Pflege leisten.

Woher all die Zeit nehmen, die erforderlich ist, zum einen die eigene Familie zu versorgen und zum anderen dann noch den Haushalt und die Pflege der Eltern zu stemmen? So wird der hohe Aufwand an Zeit, den die Pflege beansprucht, auch häufig zum ständigen Konfliktpunkt in Partnerschaften. Auch die körperlichen und psychischen Belastungen, die mit häuslicher Pflege verbunden sind, werden häufig unterschätzt. Ständig schwer Heben, Tragen, Betten – und das schließlich auch nachts. Mit am meisten belastet der Anspruch, auf Abruf bereitzustehen.

Wir sind ständig gefordert, uns mit unseren Arbeits- und Lebensbedingungen zu arrangieren, Kompromisse zu schließen zwischen dem, was wir selbst wollen, und dem, was andere von uns wollen. Wenn wir unsere eigenen Wünsche und Bedürfnisse immer wieder vernachlässigen, haben wir schließlich irgendwann das Gefühl, in einer Tretmühle zu stecken und nur noch nach der Regie anderer zu funktionieren.

Um dem vorzubeugen oder auch ein Übermaß an Fremdbestimmung abzubauen, ist es der erste Schritt, sich zunächst über diejenigen von außen kommenden Stressfaktoren klar zu werden, die die Gesundheit und das Wohlbefinden am stärksten beeinträchtigen.

Stress-Check: Stressoren von außen

Welche der Arbeits- und Lebensbedingungen, die als Risikofaktoren für ein Burnout gelten, empfinden Sie als besonders belastend? Welche dieser Stressfaktoren tragen vorrangig dazu bei, Ihre Kräfte zu erschöpfen?

Schätzen Sie bitte auf einer Skala von 1 (= wenig Belastung) bis 10 (= sehr starke Belastung) jeweils ein, welche Ihrer Arbeits- und Lebensbedingungen Ihnen besonders zu schaffen machen:

- Überforderung durch Planungszwänge
  1 10

- sich verschärfende Rahmenbedingungen in der Arbeitswelt
  1 10

- Risiken der Teilzeitarbeit
  1 10

- Energiefresser Hausarbeit
  1 10

- der Fluch der Unterbrechung
  1 10

- fehlende Wertschätzung
  1 10

- überzogene Erwartungen anderer
  1 10

- Schule: Stress bei Müttern und Stress bei Kindern
  1 10

- Kinder, die nicht flügge werden
  1 10

- Mutter und Tochter zugleich sein
  1 10

- andere, hier nicht aufgeführte Aspekte Ihrer Lebens- und Arbeitsbedingungen, von denen Sie sich unter Druck gesetzt fühlen:

  ....
  ....
  ....
  ....
  ....

Bewerten Sie bitte auch hier auf der Skala von 1 bis 10, wie stark Sie sich davon belastet fühlen.

Stress von innen

Neben den äußeren Stressfaktoren, die durch überfordernde Arbeits- und Lebensbedingungen verursacht werden, spielen bei der Entwicklung eines Burnout auch innere Faktoren eine Rolle, unsere sogenannten »inneren Antreiber«.

Der Begriff »innere Antreiber« kommt aus der Transaktionsanalyse und wir verstehen darunter Verhaltensgebote oder -diktate, die wir von unserer Herkunftsfamilie übernommen haben. Ursprünglich waren diese Antreiber eine Art Navigationshilfe. Sie sollten uns helfen, mit alltäglichen, aber auch mit neuen oder schwierigen Situationen zurechtzukommen, und dabei, uns in eine Gemeinschaft einzufügen. Verbunden mit den Antreibern war (und ist) aber stets auch die Angst vor den Konsequenzen, wenn wir dem mit dem Antreiber verbundenen Ansprüchen nicht genügen.

Meist sind wir uns weder der Antreiber selbst noch der unterschwelligen Ängste noch der Quellen bewusst, aus denen sie stammen. Sie sind in unser unbewusstes, automatisiertes Verhalten übergegangen.

Solche inneren Antreiber oder Verhaltensdiktate können beispielsweise sein:

- »Beeil dich« oder »Mach schnell«: Dahinter steckt die Angst, ins Hintertreffen zu geraten oder etwas zu verpassen.
- »Sei perfekt« oder »Sei sorgfältig, sei genau, mach keine Fehler«: Dahinter steckt die Angst, etwas nicht zu können, zu versagen und bloßgestellt zu werden.
- »Sei liebenswürdig« oder »Mach's allen recht«: Dahinter steckt die Angst, sich Kritik auszusetzen, zurückgewiesen oder ausgeschlossen zu werden.

- »Sei stark« oder »Lass dir nichts anmerken, tue so, als wäre nichts«: Dahinter steckt die Angst, von anderen abhängig zu erscheinen oder durch Schwäche unangenehm aufzufallen.

Innere Antreiber bestimmen maßgeblich mit, wie wir unsere Zeit einteilen, wie wir mit anderen umgehen oder wie wir unsere Arbeit organisieren. Der Einfluss der inneren Antreiber spiegelt sich in der Wortwahl, in der Sprechweise, der Körperhaltung, der Mimik und Gestik.

Schnelligkeit, Genauigkeit, Liebenswürdigkeit und Stärke sind prinzipiell positive Eigenschaften. Doch wenn aus Schnelligkeit permanentes inneres Getriebensein wird oder aus Genauigkeit Perfektionismus, dann werden die Antreiber zu starken psychischen Belastungsfaktoren.

Weil wir das, was uns antreibt, so stark verinnerlicht haben, dass es in unser automatisches Verhalten übergegangen ist, glauben wir oft, keine Wahl zu haben. Es scheint uns dann so, als könnten wir nur auf eine einzige Art und Weise reagieren. Wer beispielsweise »Mach schnell« besonders intensiv verinnerlicht hat, beeilt sich auch dann, wenn kein Termindruck besteht. Wer »Mach's allen recht« gut gelernt hat, wird Konflikten aller Art »ganz selbstverständlich« mit Nachgeben begegnen usw.

Insbesondere dann, wenn wir unter Stress stehen, greifen wir, ohne nachzudenken, auf besonders gut gelernte Muster zurück.

Bei Müttern zeigen sich diese inneren Antreiber häufig in den folgenden Erwartungen an sich selbst und andere:

- Ansprüche an sich selbst als Mutter
- herzeigbare Kinder haben
- Mütterwettbewerb: Wessen Kind ist am schönsten, klügsten, besten …?
- Zurückstellen eigener Bedürfnisse zugunsten der Kinder
- Zankapfel Haushaltspflichten
- Überverantwortlichkeit: Einmal Mutter, immer Mutter

Ansprüche an sich selbst als Mutter

Gesellschaftliche Vorstellungen davon, was eine gute Mutter ausmacht und was sie alles zu leisten hat, bleiben nicht ohne Wirkung auf uns und unser Selbstverständnis. Wenn wir uns selbst wahrnehmen, nehmen wir damit auch immer zwei bestimmte Aspekte unseres Selbstbildes wahr: das »ideale« und das »aktuelle« Selbst. Das »ideale« Selbst beinhaltet unsere Vorstellungen von dem, wie wir gerne sein wollen, das »aktuelle« Selbst den Ist-Zustand, so, wie wir uns eben gerade jetzt empfinden. Bei fast allem, was wir denken und tun, findet ein bewusster oder auch unbewusster Abgleich zwischen »Soll« und »Ist« statt. Das, was wir mit der Vorstellung unseres »idealen Selbst« verbinden, entsteht natürlich nicht im luftleeren Raum, sondern ist das Resultat ganz unterschiedlicher Einflüsse: wie wir unsere eigene Kindheit und unsere Eltern erlebt und was wir in Schule und Ausbildung gelernt haben, was unsere Freunde und Kollegen denken, was uns die Medien vermitteln usw. Dabei schwingen immer bestimmte Werte und Überzeugungen mit. Das Bild von uns selbst als Mutter wird von all diesen Einflussfaktoren mitgeprägt, insbesondere auch durch unterschwellig wirkende kulturelle Normen (vgl. Kapitel »Zweiter Impuls«).

Gut an diesem automatischen Abgleich des »idealen« mit dem »aktuellen« Selbst ist, dass uns dies Orientierung gibt und dass uns der »ideale« Part wesentliche Impulse für unsere Weiterentwicklung geben kann. Kann, aber nicht muss. Es kommt ganz darauf an,

- ob die verinnerlichten Idealvorstellungen tatsächlich unserem Potenzial, unseren Wünschen und Bedürfnissen entsprechen oder nur die Vorstellungen bzw. vermuteten Vorstellungen anderer spiegeln;
- welches Gewicht wir dem »idealen Selbst« im täglichen Leben beimessen. Natürlich spricht nichts dagegen, eine gewisse Idealvorstellung davon zu haben, wie wir sein

und wie die Dinge optimal laufen sollten, doch wenn dies zum Maß aller Dinge wird, schaffen wir uns den Stress permanenter Unzufriedenheit mit uns selbst.

Die bange Frage, ob man auch wirklich eine gute Mutter ist, bewegt wohl jede Mutter, auch die Mutter, die schon Großmutter ist. Und auch beständig besser werden zu wollen ist an sich nicht verkehrt. Doch oft trennt nur ein schmaler Grat gesunden von krankmachendem Perfektionismus, wo wir mehr unsere Schwächen als unsere Stärken im Auge haben und von der Angst getrieben werden, unzulänglich zu erscheinen. Dann fürchten wir ständig, Fehler in der Erziehung oder im Job zu machen, unsere Kinder nicht optimal zu fördern, nicht die perfekte Partnerin zu sein oder die Wohnung nicht so tiptop in Ordnung zu halten wie die Nachbarin.

Bücher, Zeitschriften, Fernsehsendungen, die Werbung schaffen und bekräftigen bestimmte Leitbilder und sind Futter für unsere innere Vorstellungswelt vom idealen Selbst, von der perfekten Mutter und der perfekten Alleskönnerin. Sie heizen diese innere Vorstellungswelt immer wieder von Neuem an und verstärken Unsicherheit und Selbstzweifel.

»Andere schaffen es doch auch – warum ich nicht?« Die Folge: Wir treiben uns noch stärker an, um endlich das ideale Selbst mit unserem aktuellen Selbst deckungsgleich zu kriegen. Es ist aber oftmals so wie in der Geschichte vom Hasen und dem Igel: Der Hase hetzt sich ab und der Igel schreit immer: »Ich bin schon da!«

Und besagter Hase hetzt umso schneller in den Burnout, je reichhaltiger das ideale Selbst mit überhöhten Ich-kann-alles-Ansprüchen gespickt ist: Was man auch anstellt, um diesem verinnerlichten Idealbild zu entsprechen, es ist immer zu wenig, könnte immer noch besser sein.

Ein stark verinnerlichter Perfektionsanspruch kann das Leben auf ein immerwährendes »Ich muss ...«, »Ich sollte ...« und »Ich darf keinesfalls ...« reduzieren. Schließlich leben wir in einer Zeit, in der tatsächlich alles möglich zu sein scheint.

Das verleitet dazu, auch alles zu wollen und am besten gleich und sich von den Anforderungen anderer und den Ansprüchen an sich selbst regelrecht durch den Tag hetzen lassen. Wenn man sich nur genügend einsetzt, kann man alles erreichen – als Perfektionistinnen glauben wir das nur allzu gerne –, egal, ob wir Job und Familie vereinbaren wollen oder ob wir uns entschieden haben, »nur« Hausfrau und Mutter zu sein.

Ganz nach hinten werden dann die eigenen Bedürfnisse geschoben – Bedürfnisse nach frei verbrachter Zeit, nach Spaß, Unbeschwertheit und Erholung. Irgendwann mal, ja, aber jetzt geht es nicht. Und morgen auch nicht. Und übermorgen auch nicht … die Familie geht vor. Mutter sein bedeutet schließlich, ein prägendes Vorbild zu sein. Also fragt man sich ständig, ob man eigentlich alles richtig macht oder ob man nicht doch mehr tun könnte.

Herzeigbare Kinder haben

Kinder sollen heute ja nicht einfach nur zu passablen Menschen mit guten Umgangsformen und einem ordentlichen Beruf heranwachsen. Die Ansprüche sind gestiegen: Die Intelligenz soll gefördert werden, der Ehrgeiz, die Zielstrebigkeit, das Durchsetzungsvermögen – möglichst früh soll möglichst viel gelernt werden. Es geht heute in der Erziehung ja nicht mehr allein darum, Kinder zu lieben und sie »großzukriegen«, sondern wir sollen sie maximal fördern und glücklich machen.

Als Mutter will man sich nicht nachsagen lassen, zu wenig dafür zu tun, dass das Kind später Erfolg im Leben haben kann. Schließlich wird immer wieder suggeriert, dass die ersten fünf Lebensjahre für das ganze Leben des Sohnes oder der Tochter entscheidend seien, dass hier die Weichen gestellt würden für Erfolg oder Misserfolg im Leben. So wollen wir bei der Erziehung unserer Kinder möglichst alles richtig machen.

Dank eines gigantischen Angebots an Fachliteratur, Zeitschriftenartikel, Fernseh- und Radiosendungen sind wir heute bestens darüber im Bilde, was in der Erziehung alles schiefgehen kann und worauf wir auf jeden Fall zu achten haben. Eine riesige Verantwortung, die sich eine Mutter da auf die Schultern lädt, oder? Geflissentlich wird dabei aber ausgeklammert, dass auch die Gene, der Vater, die Großeltern und andere Bezugspersonen, das Lebensumfeld, Kinderfreundschaften, Erfahrungen in Kindergarten und Schule einen gehörigen Einfluss auf den Lebensweg haben und dass viele Potenziale sich auch später im Leben noch entwickeln können.

Mittlerweile sieht man die Einflussfaktoren auf die kindliche Entwicklung weit differenzierter als früher, trotzdem scheint in unseren Köpfen immer noch die Idee herumspuken, dass an kindlichen Verhaltensauffälligkeiten immer eine »schlechte« Mutter schuld ist.

So sind es häufig besonders die engagierten Mütter, die unter einem schlechten Gewissen leiden. Sie sind sich der Verantwortung mehr als bewusst, folgen hohen Erziehungsidealen und setzen sich selbst unter enormen Leistungsdruck. Der Anspruch, immer das Beste für das Kind zu wollen – oder wollen zu *müssen* –, ist eine Steilvorlage für Unzufriedenheit und ständigen Selbstzweifel. Zudem: Woran genau messen wir, ob unsere Bemühungen erfolgreich waren? Am Kind natürlich. Wenn das Kind sich gut entwickelt, sind wir eine gute Mutter, wenn das Kind mit Problemen und Schwierigkeiten zu kämpfen hat, sind wir eine schlechte Mutter. Und müssen uns mehr anstrengen. Ein Versagen des Kindes wird mit eigenem Versagen gleichgesetzt. Irgendetwas haben wir verkehrt gemacht, dass unser Kind sich nicht so entwickelt, wie im Erziehungsratgeber beschrieben.

Als denkenden Wesen ist uns klar, dass das Unsinn ist, doch was kann der gesunde Menschenverstand schon gegen tief verinnerlichte Glaubenssätze und Vorstellungen ausrichten?

Also legen wir uns ins Zeug, fahren das Kind zur musikalischen Früherziehung, zum kreativen Werken oder zum Früh-Englisch. Als besonders engagierte Mütter sind wir natürlich später auch im Elternbeirat vertreten, bei Sportfesten und Mannschaftsspielen und beim Backen für den Schulbasar.

Wenn das Kind sich gut macht, fühlen wir uns auch gut. Wenn das Kind nicht mitzieht, liegt's natürlich an uns ...

Mütterwettbewerb: das schönste, klügste, beste Kind ...

Wenn Mütter die Entwicklung und den Leistungen des Nachwuchses zum Dreh- und Angelpunkt ihres Selbstbewusstseins machen, schafft aber nicht nur allein dies Stress, sondern es verleitet auch dazu, die Vergleichsbrille aufzusetzen und sich ständig mit anderen Müttern und ihren Kindern zu messen. Was den Stress natürlich weiter verstärkt. Sie ahnen schon: Auch hier spielen die Antreiber: »Sei perfekt« und »Mach's allen recht« die erste Geige.

Wie hübsch ist das Kinderzimmer eingerichtet, wie edel sieht der Kinderwagen aus? Wessen Kind schläft schon früh durch? Wessen Kind ist zuerst sauber? Wessen Kind kann schon mit drei Jahren Gedichte aufsagen? Dieses Wetteifern erinnert schon fast an Castingshows: Wer ist die Supermutter und hat das Superkind?

Aus Babys werden Kleinkinder, aus Kleinkindern Schulkinder. Je älter die Kinder werden, desto mehr gibt es zu vergleichen. Intelligenz, Schnelligkeit, Lerneifer, Auffassungsgabe, Aussehen, Kleidung, wohlerzogenes Benehmen ... wer hat das hübscheste, talentierteste, kreativste und klügste Kind?

Stolz auf das Kind zu sein wirkt sich positiv auf das eigene Selbstverständnis aus, ganz klar. Wer findet es nicht toll, wenn die Tochter oder der Sohn zum Klassensprecher gewählt wurde oder sich in einem Wettbewerb besonders hervorgetan hat? Wird die Identifikation mit dem Kind und seinen Eigenschaften, Fähigkeiten und Leistungen im Verhältnis zu anderen zum Maßstab für das eigene Selbstwertgefühl, dann sind Ängste und Konflikte vorprogrammiert.

Ringen um Anerkennung

Wir beziehen unseren Selbstwert zu einem großen Teil aus unseren sozialen Beziehungen, dem Einsatz unserer Fähigkeiten und aus unseren Erfolgen. Damit wir mit uns zufrieden sein können, brauchen wir auch positive Resonanz von außen: Die Anerkennung von den Menschen in unserem Umfeld, auf deren Meinung wir Wert legen. Doch vor allem das Bedürfnis nach Anerkennung und der Wunsch, die Erwartungen unseres Umfelds erfüllen zu wollen, führen dazu, dass wir uns immer mehr Pflichten und Lasten aufbürden und aufbürden lassen, als als wir dauerhaft bewältigen können.

Das Bestreben, anerkannt zu werden und gesehen zu werden mit dem, was wir leisten, korrespondiert natürlich auch unmittelbar mit dem Phänomen der mangelnden Wertschätzung von außen (siehe Kapitel »Fehlende Wertschätzung«).

Wer Wertschätzung erfährt, für den ist Anerkennung in der Regel kein Thema. Wem sie vorenthalten wird, der versucht – manchmal mit fast allen Mitteln –, den Wert seiner Arbeit bestätigt zu bekommen. Hier werden dann bevorzugt die inneren Antreiber »Mach's allen recht« und »Streng dich an« aktiv.

- Wenn ich so bin, wie andere mich wollen, dann …
- Wenn ich mir selbst nichts gönne und alles für andere tue, dann …
- Wenn ich anderen zuliebe auf Dinge verzichte, dann …
- Wenn ich mich unkompliziert, pflegeleicht und nett präsentiere, dann …

▪ Wenn ich die Erwartungen erfülle, die mein Mann, die Kinder, mein Chef in mich setzen, dann …

… werden sie mir endlich die Anerkennung geben, die ich so gerne von ihnen hätte.

Dem ist aber meist nicht so. Menschen pflegen selbstverständliches Entgegenkommen von anderen überwiegend auch als selbstverständlich hinzunehmen. Die ersehnte Anerkennung bleibt aus. Wir erfahren nicht das Lob, die Dankbarkeit, den Lohn oder was auch immer wir vom anderen erwartet hatten.

Noch prekärer wird es, wenn nicht nur die Anerkennung für unseren Einsatz ausbleibt, sondern unsere Leistung sogar heruntergespielt wird. Wenn man uns zu verstehen gibt, dass das, was wir tun, eigentlich nicht der Rede wert ist. Bitter ist auch, wenn jemand anders die Lorbeeren für das einstreicht, was uns selbst viel Mühe und Aufwand gekostet hat. Oder wenn statt Lob Kritik kommt. Wenn nicht gesehen wird, was wir alles getan haben, sondern nur das, was vielleicht noch fehlt.

Und oft legen wir uns dann noch mehr ins Zeug, um den anderen zufriedenzustellen und ihn günstig zu stimmen: den Mann, die Kinder, den Chef, die Kollegen …

»Mach's allen recht« und »Streng dich an« dominieren über das Bedürfnis nach Entspannung und Erholung immer wieder – bis wir irgendwann gar nicht mehr spüren, wenn wir über unsere Grenzen gehen.

Zurückstellen eigener Bedürfnisse zugunsten der Kinder

Viele Mütter stellen ihre eigenen Bedürfnisse zugunsten der Familie in den Hintergrund. Die Kinder und der Partner stehen an erster Stelle. Etwa jede zehnte Frau in Deutschland verzichtet sogar zugunsten der Kinderbetreuung und/oder der Pflege von Angehörigen darauf, selbst berufstätig zu sein. Und auch im alltäglichen Leben erscheint es dann wichtiger, dass es den Kindern an nichts fehlt und der Partner zufrieden ist, als dass man sich selbst wohl fühlt und entspannen kann. Viele kleine Entscheidungen zugunsten der anderen und zu Lasten des eigenen Wohlbefindens führen dazu, irgendwann gar nicht mehr zu spüren, was eigentlich die eigenen Bedürfnisse sind. Wer sich stets zurücknimmt, verlernt mit der Zeit, in sich hineinzuhören und zu fühlen, was man braucht. Man ist mehr und mehr so darauf konzentriert, ständig darauf zu achten, was für die Kinder das Beste sein könnte, sodass für die Wahrnehmung eigener Interessen weder Zeit noch Energie bleibt.

Wer jedoch ständig die eigenen Bedürfnisse übergeht, hat dann langfristig gesehen auch keine Kraft mehr für andere. Niemand kann ständig selbstlos, fürsorglich, liebevoll, zärtlich, aufopferungsbereit und familienorientiert denken und handeln. Es ist unmöglich, die dabei auftauchenden Gefühle wie Frustration, Ärger, Müdigkeit und Widerwillen einfach zu übergehen und wegzudrängen. Natürlich verschwinden sie nicht, indem wir einfach so tun, als gäbe es sie nicht. Große Konflikte zwischen dem »Idealen Selbst: So sollte ich sein« und dem »Realen Selbst: So geht es mir wirklich« reiben aber auf Dauer innerlich auf, sind eine Quelle für Schuldgefühle und kratzen am Selbstvertrauen. Weil solche inneren Konflikte sehr belastend sind, werden sie schließlich oft so »gelöst«, dass wir irgendwann die eigenen Gefühle und Bedürfnisse tatsächlich nicht mehr wahrnehmen. Wir spüren sie nur noch in Form chronischer Verspannungen, Kopf- oder Magenschmerzen.

Zankapfel Haushaltspflichten

Viele Mütter verzichten – mehr oder weniger freiwillig – darauf, sich von ihrem Partner und den Kindern im Haushalt unterstützen zu lassen. Natürlich, ein Baby oder auch ein kleines Kind braucht unsere völlige Unterstützung und Pflege. Und so arrangieren wir uns damit, nun viele zusätzliche Aufgaben im Haushalt zu haben. Doch aus dieser Gewohnheit heraus sind wir versucht, auch dann den Kindern noch alles abzunehmen, wenn diese längst selber kleine und größere Aufgaben übernehmen könnten. Wenn sich das Modell »Mama macht alles« einmal eingespurt hat, ist es schwierig, da wieder herauszukommen, denn es ist natürlich bequemer, alles hinterhergetragen zu bekommen, als sich selbst kümmern zu müssen.

Vor allem wenn auch der Partner gewohnt ist, bedient zu werden, statt selber mit anzupacken, sehen die Kinder wenig Veranlassung, mütterlichen Appellen Folge zu leisten. Studien zur Aufteilung von Haushaltspflichten in Partnerschaften liefern immer wieder ähnliche Ergebnisse: Frauen verbringen wesentlich mehr Zeit mit typischer Hausarbeit wie beispielsweise Putzen, Einkaufen oder Waschen, als Männer dies tun. Zwar investieren Männer heute im Durchschnitt etwa 25 bis 30 Minuten mehr Zeit in Haushaltstätigkeiten als noch in den 1990er Jahren, doch von einer partnerschaftlichen Fifty-fifty-Aufteilung sind wir noch weit entfernt – auch dann, wenn die Belastung beider Ehepartner durch den Beruf gleich groß ist und wenn Mann und Frau den gleichen beruflichen Status innehaben.

Oft geschieht der Verzicht darauf, die Familie in die alltäglichen Pflichten mit einzubinden, auch widerwillig, nämlich dann, wenn das Thema bereits ein Gegenstand andauernder Auseinandersetzungen geworden ist.

Dann sind wir das ewige Hick-Hack mit dem Angetrauten leid geworden und empfinden es auch als nervenaufreibend, die Kinder immer wieder zur Mithilfe zu motivieren.

Da es mehr Energie zu kosten scheint, immer wieder die gleichen zermürbenden Diskussionen zu führen, kapitulieren wir und greifen wortlos selbst zu Staubsauger, Bügelbrett oder Wischmopp, auch wenn wir bereits über zehn Stunden Arbeit hinter uns haben. Aber natürlich sind wir nicht glücklich damit, nachgegeben zu haben und uns in der Rolle als Putzfrau der Familie wiederzufinden.

Überverantwortlichkeit: einmal Mutter, immer Mutter

Wenn wir uns mit dem Ehepartner nicht mehr verstehen, können wir uns von ihm trennen, doch von Kindern können wir uns nicht scheiden lassen. Wir bleiben Mutter, auch wenn die Kinder längst erwachsen sind und eine eigene Familie gegründet haben. Natürlich sind wir dann von unserer Rolle als Versorgerin faktisch entbunden, doch das Gefühl, verantwortlich zu sein dafür, wie die Kinder ihr Leben meistern, bleibt oft lange erhalten.

Je nachdem, wie hochgesteckt unsere Ansprüche als Mütter waren und sind und wie stark wir auch unser eigenes Wohl damit verknüpfen, möglichst »herzeigbare« Kinder zu haben, desto stärker fühlen wir uns auch dafür verantwortlich, was die erwachsen gewordenen Kinder mit ihrem Leben anfangen. Wenn sie glänzen und brillieren, na wunderbar. Doch wenn der Lebensweg der Kinder krisenhaft verläuft, ein Kind arbeitslos ist, das Studium schmeißt, eine Depression oder Angststörung entwickelt, immerzu Pech in der Liebe hat, Drogen nimmt oder kriminell wird, stürzt das Mütter oft in tiefe innere Konflikte.

»Habe ich alles falsch gemacht?«, »Habe ich als Mutter versagt?«, »Wenn ich doch nur …«, »Bin ich schuld?«

Eine Mischung aus Schuldgefühlen und Selbstzweifeln macht sich breit. Was ja naheliegend ist, denn schließlich sind wir geprägt vom traditionellen Mutterbild (siehe Kapitel

»Überzogene Erwartungen«). Da liegt es nahe, sich den Schuh sofort anzuziehen, auch wenn die Ursachen für die Probleme woanders zu suchen sind, etwa im Persönlichkeitsprofil, im Einfluss von Freunden, im Lebens- und Arbeitsumfeld etc.

Natürlich ist Ihnen klar, dass Sie sich heraushalten und Ihr Kind sein eigenes Leben leben lassen sollen. Jede halbwegs aufgeweckte Fernsehzeitung erklärt Ihnen, wie wichtig es ist, offen und entspannt mit dem Auszug eines Kindes aus dem elterlichen Heim umzugehen, dem Kind das Recht auf Selbstständigkeit und eigene Fehler zu gewähren und noch eine Menge Dinge mehr, die Sie alle machen sollten.

In der Regel wird aber nicht erklärt, wie Sie die entsprechenden Gefühle abschalten können. Denn was nützt es letztlich, zu wissen, wie man sich verhalten »sollte«, wenn man sich nicht in der Lage dazu fühlt?

»Wenn es meinem Thomas (oder meiner Melanie) gut geht, geht es mir auch gut« ist die Haltung vieler Mütter. Geht es Thomas oder Melanie schlecht, ist man folglich selbst auf dem Hund. Überidentifikation mit dem Wohl und Wehe des Kindes schafft eine ständige innere Beunruhigung. Geht es dem Kind auch wirklich gut? Was könnte ich tun? Sollte ich anrufen? Nachfragen? Viele erwachsene Kinder reagieren auf die Besorgnis ihrer Mütter keineswegs erfreut, sondern genervt und gereizt. Was die Mutter natürlich als Zurückweisung empfindet und ihr erst recht Sorgen macht.

Stress-Check: Stressoren von innen

Während es bei den Stressoren von außen darum ging, in welcher Weise Druck von außen auf Sie einwirkt und wie Sie dies empfinden, gilt es hier, einen Blick darauf zu werfen, mit welchen eigenen Forderungen an sich selbst Sie sich antreiben.

Mit welchen Ansprüchen an sich setzen Sie sich

selbst stark unter Druck? Welche davon empfinden Sie als besonders belastend?

Schätzen Sie bitte auf einer Skala von 1 (= wenig Belastung) bis 10 (= sehr starke Belastung) ein, welche Ihrer Ansprüche Sie besonders viel Kraft kosten:

- Ansprüche an mich selbst als Mutter
  1 10

- herzeigbare Kinder haben
  1 10

- Mütterwettbewerb: Wessen Kind ist am schönsten, klügsten, besten …?
  1 10

- Ringen um Anerkennung
  1 10

- Zurückstellen eigener Bedürfnisse zugunsten der Kinder
  1 10

- Zankapfel Haushaltspflichten
  1 10

- Überverantwortlichkeit: einmal Mutter, immer Mutter
  1 10

- andere, hier nicht aufgeführte innere Stressfaktoren, von denen Sie sich belastet fühlen (etwa: ein bestimmtes ungelöstes Problem, ein besonderes Handicap etc.)

  ....

Bewerten Sie bitte auch hier auf der Skala von 1–10, wie stark Sie sich davon belastet fühlen.

Faktoren, die die Erschöpfung beschleunigen

Viele Burnout-Prozesse nehmen ihren Anfang, wenn sich die Lebensumstände gravierend ändern. Das kann ein Jobwechsel sein, eine Beförderung, die Geburt des ersten Kindes. In solchen Situationen wird das Selbstvertrauen auf die Probe gestellt. Wir wollen beweisen, dass wir die Veränderung bewältigen, uns auf die neue Situation voll einstellen und allen Erwartungen gerecht werden können. Manchmal ist es auch so, dass sich unsere Vorstellungen von der Veränderung nicht mit dem decken, was wir dann in der Realität erleben. Der neue Job entpuppt sich als Rückschritt statt als Meilenstein auf dem Weg nach vorn. Die Beförderung, auf die wir lange gewartet haben, bringt Aufgaben mit sich, die uns nicht liegen. Der Muttermythos und der ganz reale Alltag mit einem schreienden Baby sind nicht kompatibel.

Zu den Stressfaktoren, die von außen auf uns einwirken (Kapitel »Stress von außen«), und dem Diktat unserer inneren Antreiber (»Stress von innen«) gesellen sich häufig noch besondere mentale Brandbeschleuniger, die an unseren Kräften zehren:

- uneingestande Gefühle
- Unvermögen, Grenzen zu setzen
- fehlende Ansprechpartner für eigene Nöte
- kein Job, der erfüllt und Freude macht
- keine persönlichen Freiräume haben
- Warnzeichen für Erschöpfung übergehen, »Doping«

Diese Faktoren sind schon jeder für sich betrachtet große Energiefresser. Wenn mehrere zusammenwirken, geht es in der Burnout-Spirale schnell abwärts.

Uneingestandene Gefühle

Natürlich wissen wir, dass sich psychisches Geschehen über den Körper ausdrückt. Alle unsere Gefühle – ob Freude, Liebe, Trauer, Zorn oder Angst – finden auch in unserem Körper Resonanz. Wenn wir Gefühle unterdrücken, zeigt sich auch dies in unserem körperlichen Befinden. Verbieten wir uns, Gefühle wahrzunehmen und auszudrücken, dann geht uns ein Teil unserer Lebensfreude verloren. Besonders aggressive Regungen wie Zorn, Ärger und Wut gestehen Frauen sich häufig nicht zu. Wer sich vor einem Konflikt fürchtet, beseitigt nicht die Ursache der aufgetretenen Spannung, sondern setzt alles daran, dem Konflikt selbst aus dem Weg zu gehen.

Wir würden dem anderen, unserem Partner, dem Chef, den Kollegen, auch den Kindern, gerne einmal ein paar deutliche Worte sagen, aber wir sprechen sie dann doch nicht aus. Es könnte ja negative Konsequenzen haben. Der Partner könnte beleidigt sein oder aggressiv reagieren, der Chef sitzt ohnehin am längeren Hebel, die Kooperation des Kollegen brauchen wir vielleicht in einer künftigen Klemme und die Kinder könnten Schaden nehmen, wenn Mama herumschreit, statt cool und gelassen darauf zu reagieren, dass das Zimmer mal wieder aussieht, als hätte ein Wirbelsturm gewütet. So verbieten wir uns unseren Unmut und machen gute Miene zum bösen Spiel. Weil's ja eh nichts bringt, sich aufzuregen. Weil wir ja nicht als hysterisch oder zickig wahrgenommen werden wollen, sondern als jemand, der sich im Griff hat.

Zorn empfinden wir oft gerade nahestehenden Menschen gegenüber. Wenn sie unsere Pläne durchkreuzen.

Wenn sie sich auf eine Art und Weise verhalten, die für uns unakzeptabel ist.

Wenn sie uns kränken, übersehen, heruntermachen, unsere Autorität in Frage stellen.

Wenn sie …

Es gibt tausend Gründe dafür, zornig zu sein. Gerade Frauen verbieten es sich oftmals, Unwillen, Frust und Ärger direkt zu adressieren, viele nehmen es sich auch selbst übel, solche Gefühle überhaupt zu haben. Doch verdrängten Zorn bezahlen wir meist in Form ständiger Unzufriedenheit. Kaum ein Gefühl wirkt so schädlich auf unseren Organismus ein wie »verschluckter« Zorn. Um Zorn dauerhaft innerlich niederzuhalten oder zu verleugnen, ist viel Energie nötig. Dieser Aufwand ist einer der häufigsten Gründe für Müdigkeit und Erschöpfung. Denn Zorn, der sich wieder und wieder keine Luft machen darf, verschwindet nicht einfach, sondern nistet sich als im Hintergrund schwelender Groll ein. Dies kann schließlich auch krank machen und sich beispielsweise in Muskelverspannungen und Kopfschmerzen zeigen. Auch Magen-Darm-Probleme oder rheumatische Erkrankungen können durch dauerhaft empfundenen Groll mit verursacht werden.

Wenn wir viel von diesem heimlichen Groll mit uns herumtragen, haben wir auch die dazu passenden entmutigenden Überzeugungen, die dem Gefühl immer wieder von neuem »Futter« geben. Und wir führen dann auch einen dazu passenden inneren Monolog. Beispielsweise denken wir dann etwas wie:

- »Bloß nichts anmerken lassen.«
- »Sinnlos, dazu etwas zu sagen.«
- »Die machen doch eh, was sie wollen.«

Da schwingt dann auch schon viel Resignation und Bitterkeit mit. Der Eindruck, keine andere Wahl zu haben, als ständig abzuwiegeln und uns zurückzunehmen, deprimiert natürlich.

Unvermögen, Grenzen zu setzen

Eng verwandt mit der Scheu davor, Zorn zu zeigen, ist das Unvermögen, Grenzen zu setzen. Hinter beidem steckt die gleiche Intention: bloß kein Konflikt. Bloß nicht riskieren, dass der Partner sauer wird, dass der Chef uns für wenig belastbar hält, dass die Kinder frustriert herumquengeln und dass die gehbehinderte Schwiegermutter über zu wenig Unterstützung klagt. Wir wollen ja den anderen nicht verärgern oder riskieren, dass er vielleicht enttäuscht von uns ist.

Ganz klar, wer ja sagt, auch wenn er nein meint, hat erst einmal die Kuh vom Eis. Die echte oder scheinbare Harmonie ist ungefährdet. Wir kriegen vielleicht auch den Hauch eines Lobes ab: »Na, sehen Sie, das haben Sie doch hingekriegt, Frau Schmitz« – wobei dann auch klar ist, dass wir jederzeit wieder für Aufgaben dieser Art einzuspannen sind. Oder wir haben Ruhe an der Beziehungsfront, weil wir zähneknirschend darauf verzichten, endlich ein freies Wochenende zu haben, weil unser Ex zugesagt hatte, für die Kinder da zu sein, und nun plötzlich andere Pläne hat.

Warum fällt es oft so schwer, anderen die eigenen Grenzen aufzuzeigen? Was treibt uns dazu, uns immer zusätzliche Aufgaben aufbürden zu lassen und auf das, was wir eigentlich vorhatten, zu verzichten? In erster Linie zwei Dinge:

- die Angst, Erwartungen zu enttäuschen und dann mit Kritik, Ablehnung und mieser Laune anderer zurechtkommen zu müssen
- dem inneren Antreiber »Mach es allen recht« nicht zu gehorchen und bei Missachtung sofort ein schlechtes Gewissen zu haben

Es sind also äußere und innere Sanktionen, die uns dabei bremsen, klare Grenzen zu ziehen. Angst vor »Strafe« (negativen Reaktionen) und Angst vor dem schlechten Gewissen. Doch wenn wir es tatsächlich schaffen würden, Kritik und Ablehnung immer zu vermeiden, indem wir uns von den Erwartungen anderer steuern lassen und auch unserem inneren Antreiber »Mach es allen recht« hundertprozentig entsprächen, dann würden wir uns auf Dauer völlig übernehmen. Denn es gibt immer noch mehr, was auf bereitwillig oder auch nur widerwillig zur Verfügung gestellte Schultern abgeladen werden kann, im Beruf ebenso wie zu Hause. Innerlich hadern wir mit uns und verstehen oft selbst nicht, warum wir immer wieder ja sagen, wenn wir eigentlich nein meinen. Wir sammeln Frust und Stress an, bis es irgendwann doch noch zur Explosion kommt und wir bei einem relativ harmlosen Anlass an die Decke gehen, was dann keiner nachvollziehen kann.

Fehlende Ansprechpartner für eigene Nöte

Neben der Fähigkeit, gut für sich zu sorgen und sich auch gegenüber den Ansprüchen anderer abgrenzen zu können, ist der soziale Rückhalt ein weiterer wichtiger Faktor, der dabei hilft, mit einem Zuviel an Stress zurechtzukommen.

Gut, wenn der Partner ein offenes Ohr hat, doch darüber hinaus finden wir uns auch von Freundinnen und Freunden, die uns seit langen Jahren kennen, besonders gut verstanden. Hier brauchen wir keine Rolle spielen, sondern können offen sagen, wie es uns gerade geht, und werden akzeptiert. Freunde begegnen uns aufrichtig, sagen uns auch mal die eine oder andere unangenehme Wahrheit, wenn es notwendig ist. Gute Freundinnen und Freunde sind wichtige Stützen für unser Wohlbefinden. Wir alle brauchen Menschen, denen wir Sorgen und Ängste anvertrauen können, die uns unterstützen, wenn wir Hilfe brauchen. Wir alle sind soziale Wesen. Gespräche, Verständnis, Geborgenheit – all das funktioniert nur im Austausch mit anderen. Sich völlig allein und isoliert von anderen zu fühlen ist eines der erdrückendsten Gefühle, die es gibt.

Doch Freundschaften brauchen Pflege und sie bleiben lebendig durch Kontakt und gemeinsam verbrachte Zeit.

Viele Frauen sind so eingespannt zwischen Beruf, Partnerschaft, Kindern und Haushalt, dass sie weder Zeit noch Energie für die Pflege von Freundschaften aufbringen. Die Mehrfachbelastung scheint alle Zeit und Energie einfach aufzufressen. Verabredungen mit der besten Freundin werden seltener, Termine werden oft in letzter Minute abgesagt, immer scheint irgendetwas dazwischenzukommen. Bis man sich schließlich voneinander entfremdet und die Freundschaft sich auflöst.

Je erschöpfter wir sind und je mehr das tägliche Marathon durch den Tag nervt, desto schwerer können wir uns dazu aufraffen. Stattdessen verspüren wir mehr und mehr den Wunsch, uns zurückzuziehen. Von Bekannten, Kollegen – und auch von der Familie und von Freunden.

Wer Sorgen, Ängste und Stress alleine mit sich herumschleppen muss, raucht mehr, isst zu viel oder zu wenig und häufig zu ungesund, greift schneller zu Alkohol und Medikamenten und zieht einen eher passiven Lebensstil mit hohem Fernsehkonsum und wenig echter Kommunikation vor.

Kein Job, der erfüllt und Freude macht

Meist wird Burnout damit in Zusammenhang gebracht, dass Betroffene ein Überengagement im Job und einen großen Idealismus an den Tag legen und sich daher über ihre Grenzen hinaus verausgaben. »Wer ausbrennt, muss einmal gebrannt haben.« Doch ob ein Satz wie dieser tatsächlich generell gültig sein kann, ist zu bezweifeln. Burnout beschleunigen kann auch ein Job, der nicht erfüllt, sondern der nur deswegen angetreten wurde, weil nichts anderes zur Verfügung stand. Wo man vielleicht nach mehreren Fehlschlägen froh war, wenigstens diese Arbeit zu finden, und glaubte, man werde sich schon irgendwie damit arrangieren.

Doch wenn man Tag für Tag Tätigkeiten verrichtet, die einem nicht liegen, und sich schon um neun wünscht, es möge Mittag werden und sich am Mittag das Arbeitsende herbeisehnt – worauf freut man sich dann eigentlich? Was schenkt Zufriedenheit, wenn zu Hause ebenso unspannende Tätigkeiten wie Aufräumen, Putzen und das Befüllen der Waschmaschine warten?

Ein Mensch in einer solchen Situation ist nicht motiviert, sondern versucht nur noch, den Tag irgendwie zu überstehen, vor allem dann, wenn sich auch längerfristig keine Wende zum Besseren hin abzeichnet. Unterforderung in Form eines täglichen Trotts, der keine Highlights hat, das kann ähnlich schlauchen wie Überforderung, und da hilft es auch nichts, sich das schönreden zu wollen. Wenn wir keinen Zusammenhang sehen zwischen unserem Einsatz und einem greifbaren oder messbaren Erfolg, dann fehlt uns die innere Befriedigung, dass das, was wir tun, wichtig und sinnvoll ist. Auch das macht uns auf Dauer müde und erschöpft. Als besonders aufreibend kann sich Arbeit auf Abruf erweisen, eine Beschäftigungsform, bei dem wir uns von jetzt auf gleich für einige Stunden zur Verfügung stellen. Solche flexiblen Arbeitszeitmodelle, bei denen der Arbeitgeber die jeweilige Arbeitszeit auf den Bedarfsfall zuschneidet, sind weit verbreitet, und sie werden vorwiegend von Frauen wahrgenommen.

Die mangelhafte Vorhersehbarkeit und Planbarkeit von Arbeitszeit stellt für Beschäftigte jedoch einen zusätzlichen Stressfaktor dar. Kein festes Pensum und damit auch ein unregelmäßiges Einkommen zu haben erschwert langfristige Planungen. Auf Abruf zur Verfügung zu stehen bringt oft mit sich, die gesamte Tagesplanung auf den Kopf stellen, Termine absagen und geplante Vorhaben immer wieder verschieben zu müssen und noch dazu schnell die Betreuung für die Kinder für die jeweilige Zeit des Einsatzes organisieren müssen. Das ist aufreibend und kann die negative Wirkung anderer Arbeits- und Lebensbelastungen noch weiter verstärken.

Keine persönlichen Freiräume haben

Manchmal ist es für Frauen in einer Paarbeziehung schon in kinderlosen Zeiten schwierig, persönliche Freiräume wahrzunehmen und eigene Interessen zu verfolgen. Kommt dann das erste Kind, dann scheint dies erst recht nicht mehr möglich zu sein. So werden diese Bedürfnisse auf ein unkonkretes »Später« vertagt. Eigene Interessen werden in der Vorstellung auf die Zukunft verlegt, auf die Zeit, wenn das Kind selbstständiger geworden ist. Wir werden dann mehr Zeit für uns selbst haben, wenn erst ...

... das Kind im Kindergarten ist;
... das Kind in der Schule ist;
... das Kind auch mal allein zu Hause bleiben kann;
... und so weiter.

Oft ist es so, dass die Verwirklichung persönlicher Wünsche und Freiräume sehr weit nach hinten geschoben wird. So wird der Alltag schließlich zum bloßen Durchhalten. Irgendwann wird es besser werden und bis dahin gilt es, die Zähne zusammenzubeißen. Es scheinen aber immer neue Unwägbarkeiten »dazwischenzukommen«: Umstrukturierungen in der Firma, die Mehrarbeit erfordern, der Partner wird krank, das Kind hat Schwierigkeiten in der Schule, ein Umzug steht an usw. Gerade bei berufstätigen Frauen müssen die Erfordernisse des Jobs und die Familienpflichten ständig miteinander abgeglichen werden. Dabei bleiben die persönlichen Entfaltungsmöglichkeiten allzu oft auf der Strecke. Irgendetwas scheint stets zu kurz zu kommen oder zu fehlen.

Viele Mütter haben einen hohen organisatorischen Anspruch an sich selbst: den täglichen Hürdenlauf zwischen Büro, Kita, Supermarkt und Küche zu bewältigen, dabei auch den Partner nicht zu vernachlässigen und nebenbei noch wahrzunehmen, was die Kinder gerade von ihnen wollen. Dabei scheinen die Zeit und die persönliche Kraft nie zu reichen, alles auf die Reihe zu kriegen. Der Spagat zwischen Berufs- und Familieninteressen reibt auf und auf der Strecke bleibt die Zeit für sich selbst, oft sogar die kleinen Pausen für's Ich wie Zeitung lesen, Musik hören oder im Internet surfen. Die eine Pflicht scheint einfach nahtlos in die nächste überzugehen.

Warnzeichen für Erschöpfung übergehen

Wenn wir uns weigern, Warnzeichen für Überforderung ernst zu nehmen, und sie ignorieren, statt für Abstand und Erholung zu sorgen, dann geht die Balance zwischen Spannung und Entspannung immer weiter verloren. Unser Körper reagiert darauf mit einer Vielfalt von Symptomen: chronischer Kopfschmerz, Verspannungen, Zähneknirschen in der Nacht, Tinnitus, Verdauungsbeschwerden, erhöhte Anfälligkeit für Infektionen; je nachdem, wo der Körper seine individuellen Schwachstellen hat. Dies signalisiert ebenso wie das Phänomen der inneren Unruhe bei gleichzeitiger Müdigkeit, dass wir kürzertreten sollten. Es sind Indizien dafür, dass wir uns mehr Ruhe gönnen sollten, Botschaften von Körper und Psyche, dass der Organismus mehr und mehr an seine Grenzen gerät. Auch wenn diffuse Unlustgefühle zum Dauergast werden und die Freude an Dingen schwindet, die uns früher Spaß gemacht haben, sollten wir dies nicht einfach als »vorübergehende Phase« abhaken, sondern ernst nehmen.

Übersehen oder verdrängen wir diese Alarmsignale von Körper und Psyche, verschlimmert sich die Lage. Dann kommen »Hilfsmittel« zum Einsatz: Amphetamine etwa, um dem Stress weiter gewachsen zu sein, Alkohol, um zu entspannen, oder Schlafmittel, um die Gedankenmühle im Kopf abzuschalten. Doch damit werden die Energiereserven natürlich nicht wieder aufgefüllt, sondern lediglich die Erschöpfungssymptome vorübergehend weggescheucht, ähnlich wie wenn wir einem Pferd, das schon in den Zügeln hängt, kräftig die Peitsche geben. Je länger wir uns weigern, gegenzusteuern, und uns stattdessen »die Peitsche geben«, desto mehr beschleunigt sich der Burnout-Prozess. Wir gewöhnen uns so sehr an diese andauernde Müdigkeit und auch daran, sie auf chemischen Wege in den Griff zu bekommen, dass uns dies nach einiger Zeit völlig normal vorkommt. Dabei verlernen wir die entscheidende Fähigkeit gegen die Erschöpfung: das Loslassen und Entspannen.

Stress-Check: Burnout-Beschleuniger

Burnout-Beschleuniger sind deshalb so gefährlich, weil sie direkt Ihre Fähigkeit untergraben, neue Kräfte schöpfen zu können. Druck von außen durch die Ansprüche anderer und Druck von innen durch Ihre eigenen Ansprüche an sich selbst bewirken, dass Sie häufig über Ihre Grenzen gehen. Burnout-Beschleuniger bewirken, dass die notwendige Erholung von diesem Druck nicht mehr klappen kann.

Mit welchen Burnout-Beschleunigern haben Sie es bereits zu tun? Welche davon empfinden Sie als besonders quälend?

Schätzen Sie bitte auf einer Skala von 1 (= wenig Belastung) bis 10 (= sehr starke Belastung) jeweils ein, welche der Burnout-Beschleuniger in Ihrem Leben eine Rolle spielen:

- uneingestande Gefühle
  1 10

- Unvermögen, Grenzen zu setzen
  1 10

- fehlende Ansprechpartner für eigene Nöte
  1 10

- kein Job, der erfüllt und Freude macht
  1 10
- keine persönlichen Freiräume haben
  1 10
- Warnzeichen für Erschöpfung übergehen, »Doping«
  1 10
- individuelle besondere Belastungen, die zu den hier aufgeführten Burnoutbeschleunigern dazukommen (etwa: eine Krankheit, eine finanzielle Zwangslage etc.)

  ....
  ....
  ....

Bewerten Sie bitte auch hier auf der Skala von 1 bis 10, wie stark Sie sich davon belastet fühlen.

Wenn Sie sich nun Ihre äußeren und inneren Stressfaktoren und Ihre Burnout-Beschleuniger in der Zusammenschau betrachten, dann ist das wohl erst einmal erschreckend. Nur selten machen wir uns wirklich klar, was da tagtäglich an unseren Kräften zehrt.

Es ist wichtig, dass wir begreifen, dass wir uns nicht dauerhaft verausgaben können, ohne dass dies Konsequenzen haben wird. Und ebenso wichtig ist es, dass wir uns bewusst machen, dass, je eher wir Anzeichen chronischer Erschöpfung gegensteuern, die Chancen umso größer sind, keinen dauerhaften Schaden zu nehmen.

Teil 2: Impulse zum Gegensteuern

Wenn Sie die Initiative ergreifen, einem Burnout entgegenzuwirken, geht es in erster Linie darum, künftig besser für sich selbst zu sorgen als bisher. Wenn Sie einwenden »Aber meine Familie steht doch an erster Stelle«, dann ist es wichtig, sich zu vergegenwärtigen, dass Sie selbst Bestandteil der Familie sind. Ein Familienmitglied wie alle anderen Familienmitglieder, wie Ihr Partner und wie Ihre Kinder.

Gut für alle zu sorgen heißt auch, gut für sich selbst zu sorgen. Und gerade weil eben sehr viel von Ihnen abhängt, gilt es, besonders gut auch sich selbst zu achten und die eigene Leistungsfähigkeit zu stärken. Nicht damit Sie »optimal funktionieren«, sondern damit Sie Ihre Lebensfreude und Ihre Tatkraft zurückgewinnen. Was gut für Sie ist, ist letztlich gut für alle.

Entscheidungskonflikte, aufflackernde Hektik und die stete Befürchtung, Aufgaben nicht gut genug zu erledigen, gehören mit zum Alltag – in der Familie ebenso wie im Job.

Wenn Sie aber arbeiten bis zum Umfallen, dann werden diejenigen, an deren Wohlergehen Ihnen liegt, gleichfalls Schaden erleiden. Gut für sich zu sorgen ist also keineswegs egoistisch. Es ist vielmehr ein wertvoller Beitrag dazu, dass auch andere viel von Ihnen haben. Wenn Sie also nicht Sorge dafür tragen, dass Sie gut mit Ihren Kräftereserven haushalten und sie auch immer wieder neu aufladen, brennen Sie infolge des Defizits zwischen Energieeinsatz und Erholung irgendwann aus. Und wenn Sie ausgebrannt sind, können Sie gar nichts mehr für andere tun, ganz im Gegenteil. Dann sind Sie selbst darauf angewiesen, dass andere Sie stützen.

Vielleicht fällt es Ihnen schwer, so zu denken, weil Sie etwas anderes gewohnt sind, andere Muster verinnerlicht haben. Doch wenn Sie der chronischen Erschöpfung entgegenwirken wollen, dann ist es wichtig, sich von äußerem Druck zu entlasten und auch innere Antreiber wie »Mach es allen recht«, »Sei perfekt« oder »Sei stark« ein Stück weit zu entmachten und ein anderes, wohlwollenderes Selbstbild zu entwickeln. Auch wenn Sie gewohnt sind, das Wohl Ihrer Lieben in den Vordergrund zu stellen, gilt: Sie selbst sind das Allerwichtigste, was Sie haben. Mit sich selbst leben Sie ein Leben lang zusammen. Sie selbst, Ihre Gesundheit und Ihr Wohlbefinden sind Ihr wertvollster Schatz und es gilt, ihn sorgsam zu hüten.

Entscheidend ist es also, Symptome von Erschöpfung rechtzeitig zu erkennen und ernst zu nehmen. Je *frühzeitiger* Sie gegensteuern, desto *effektiver* können Sie gegensteuern.

Im Grundsatz heißt dies: Tempo rausnehmen, wo immer es geht, nicht alles gleichzeitig und perfekt machen wollen, sondern lernen, sich mit dem Machbaren zufriedenzugeben. Es heißt auch, Arbeiten zu delegieren, Entlastungen anzunehmen und für Erholung und eigene Freiräume zu sorgen. Hobbys und Zeit für Entspannung sind kein Luxus, sondern wichtig für Ihre Gesundheit und Ihre Leistungsfähigkeit.

Manchmal ist es auch ratsam, professionelle Unterstützung zu suchen, etwa in Form eines Coachings oder einer Beratung, einer Psychotherapie oder auch von medizinischen Rehabilitationsmaßnahmen.

Im ganz normalen Alltag ist uns oft schon geholfen, wenn uns dann, wenn's eng wird, jemand tatkräftig unter die Arme greift und uns Aufgaben abnimmt. Unser Selbstwert hängt nicht davon ab, dass wir alles selber machen müssen.

Impuls 1: Bestandsaufnahme

Irgendwann spüren wir deutlich, dass wir mehr und mehr an unsere Grenzen kommen oder sie vielleicht schon überschritten haben. Wir erkennen, dass wir so nicht weitermachen können. Dann wollen wir vielleicht alles hinschmeißen, egal, wie groß der Scherbenhaufen sein mag, den wir dann hinterlassen würden. Wir sehen aber, dass dies nicht geht, und machen weiter in der gleichen Art und Weise, bis der nächste Anfall von Überdruss kommt. Kaum jemand ist in der Lage, sein Leben von jetzt auf gleich völlig umzukrempeln. Dies tun wir äußerstenfalls dann, wenn das Leben uns ein großes Stoppschild in den Weg stellt: eine schwere Krankheit etwa, den Verlust eines Angehörigen oder einen anderen Schicksalsschlag.

Unter normalen Umständen jedoch ist das Alles-oder-nichts-Prinzip nicht hilfreich. Sinnvoller ist es, aufmerksam zu werden und die eigene Überlastung wahrzunehmen, gezielt vorzugehen und Belastungsfaktoren schrittweise abzubauen.

Zu ändern oder nicht zu ändern?

Sehen Sie sich Ihre Aufzeichnungen noch einmal an:

- die Ergebnisse des Tests (Seite 22),
- Ihre Einschätzung der äußeren Stressfaktoren (Seite 47)
- Ihre Einschätzung der inneren Stressfaktoren (Seite 61)
- Ihre Einschätzung der Burnout-Beschleuniger (Seite 72)

Hier sehen Sie deutlich, wo Ihre persönlichen Knackpunkte liegen, die bewirken, dass Sie sich übernehmen. Nicht alle wiegen gleich schwer und nicht alle sind gut beeinflussbar. Wenn Sie der chronischen Erschöpfung entgegenwirken wollen, gilt es zunächst, zu unterscheiden, was davon die Dinge sind,

- die Sie generell *nicht* ändern können,
- die Sie *zum jetzigen Zeitpunkt* nicht ändern können,
- die Sie *tatsächlich ändern* können.

Auf welche dieser Faktoren können Sie Einfluss nehmen? Auf welche vielleicht langfristig? Auf welche nicht?

Es ist wichtig, die eigene Kraft auf die Dinge zu konzentrieren, die veränderbar sind, und nicht unnötig Kraft darin zu investieren, innerlich immerzu mit dem zu hadern, was momentan nicht zu lösen ist. Besser ist es, wir setzen unsere Energie dort ein, wo wir zielgerichtet etwas ausrichten können. Oft lässt sich mehr verändern, als wir auf den ersten Blick meinen.

Auf das Bild der Supermutter und Superalleskönnerin, das andere in ihren Köpfen haben, können Sie keinen Einfluss nehmen, wohl aber darauf, ob Sie diesem Bild »gehorchen« oder Ihren eigenen Weg gehen wollen.

Gegen die mangelnde Familienfreundlichkeit in Ihrem Betrieb können Sie vielleicht wenig tun, aber sich vielleicht – langfristig betrachtet – um einen anderen Job kümmern, wo die Rahmenbedingungen zufriedenstellender sind, usw.

Vor allem auf die inneren Faktoren, die Erschöpfung begünstigen, können Sie einwirken und auch die Burnout-Beschleuniger zumindest teilweise entschärfen, um wieder mehr Energie und Lebensfreude zu entwickeln.

Überzogene Ansprüche an sich selbst loszulassen, Grenzen zu setzen und sich Unterstützung zu suchen, das sind wichtige Schritte, um wieder ins innere Gleichgewicht zu kommen. Sich nicht länger als Getriebene zu fühlen, sondern wieder als tatkräftige Person zu erleben, die die Dinge in die Hand nimmt. Oder sich entscheiden, sie eben auch einmal ruhen zu lassen, ohne dass sich gleich das schlechte

Gewissen meldet oder dass sich der Drang zur Rechtfertigung bemerkbar macht. Das gibt uns das Gefühl, zu leben, statt nur von äußeren Zwängen gesteuert zu werden; das Gefühl, die eigene Energie selbstbestimmt einzusetzen, statt zu spüren, dass sie durch Dutzende kleiner Energielecks einfach so verpufft.

Energie: Was geben Sie aus – was nehmen Sie ein?

Denken Sie über Ihre persönlichen Energieressourcen nach und darüber, wie viel Energie Sie beispielsweise investieren

- in die Kernaufgaben Ihrer Arbeit,
- in Haushaltstätigkeiten,
- in Kontakte zu anderen Menschen,
- in Einkäufe, Termine und Besorgungen,
- in Gefälligkeiten, die Sie anderen erweisen.

Vielleicht bemerken Sie, dass Sie sich müde fühlen, wenn Sie von der Arbeit nach Hause kommen, aber was genau hat Sie ermüdet? Vielleicht stellen Sie fest, nachdem Sie mit Ihrer Tante telefoniert und geduldig deren Lamento über die Eintönigkeit ihres Lebens ertragen haben, dass Sie sich so ausgelaugt fühlen, als hätten Sie zwei Stunden am Stück am Fließband Schrauben sortiert.

Ein großer Teil unserer Energie wird im Kontakt mit anderen Menschen verbraucht. Natürlich gibt es dabei auch Beziehungen, die uns anregen und die uns eher Energie geben als nehmen, oder solche, wo die Bilanz von Geben und Nehmen ausgeglichen ist. Gerade Kinder saugen uns viel Energie weg und sie geben uns gleichzeitig Energie dadurch, dass wir uns an ihnen freuen und wir begeistert ihre Entwicklungsschritte begleiten: der erste Zahn, das erste Wort, die ersten wackligen Schritte ... der erste Tag in der Kita, die wachsende Menge an Wissen und Können, die Entfaltung der kindlichen Talente und Fähigkeiten … Das freut uns und macht uns auch ein wenig stolz. Doch es gibt Momente, in denen sich das Kind an der Supermarktkasse schreiend auf den Boden wirft, weil Sie sich geweigert haben, ihm die Packung Schokoriegel zu kaufen. Da bohren sich die Blicke der Anstehenden in Ihren Rücken, da schießt schon mal das Adrenalin in die Adern und Sie fühlen sich, nachdem Sie endlich mit Ihrem immer noch kreischenden Kind draußen auf der Straße stehen, wie ausgewrungen. Da nützt es auch nichts, sich an den beglückenden Moment zu erinnern, als der Kleine zum ersten Mal »ich« sagte.

Doch es sind natürlich nicht nur die Kinder, die Druck machen und an unserer Energie nagen und zehren. Auch unsere Kontakte zu Kollegen, zum Partner, zum Chef, zu den eigenen Eltern, zu bestimmten Nachbarn, Bekannten, Freunden können mitunter sehr anstrengend sein. Aufgaben, die wir zu erledigen haben, Vereinbarungen, Diskussionen, große Projekte, Kleinkram: All das kann Druck machen. Finden Sie die Lecks, durch die Ihre Energie entweicht.

Selbst-Check: Ihre Energiebilanz

Lassen Sie einmal ein paar durchschnittliche Tage vor Ihrem inneren Auge Revue passieren und halten Sie fest: Wie ist der Druck beschaffen, der auf Ihren Schultern lastet? Von welchen der belastenden Faktoren, die im Prinzip veränderbar sind, gibt es derzeit in Ihrem Alltag zu viel? Denken Sie an Ihre verschiedenen Lebensbereiche: Beruf, Partner, Kinder, Haushalt, Herkunftsfamilie, Freunde, Freizeit, ehrenamtliches Engagement …

Nehmen Sie ein Blatt Papier und einen roten Stift zur Hand und notieren Sie sich die Kontakte und Aufgaben, die Sie als besonders belastend wahrnehmen und die Sie viel Energie kosten:

....
....
....
....

Nehmen Sie dann ein neues Blatt, dazu einen grünen Stift und schauen Sie nun auf die andere Seite Ihrer Energiebilanz: Wie sieht es da aus?

- Was gibt Ihnen Energie?
- Welche Aktivitäten versorgen Ihren Gefühlshaushalt mit neuer Energie?
- Wobei entspannen Sie?
- Wovon gibt es vielleicht zu wenig?
- Was kommt gänzlich zu kurz?
- Welche Ihrer Bedürfnisse bleiben oft unerfüllt und werden vertagt? Denken Sie dabei auch an die Dinge, die Ihnen viel bedeutet haben, bevor Sie aufgrund von Überlastung damit begonnen hatten, sie Zug um Zug zu streichen. Meist werden auf dem Altar der Leistung die Dinge zuerst geopfert, die Spaß machen und keinem bestimmten Zweck dienen. »Aber ich muss ja erst noch …«, sagen Sie dann vielleicht. Kommt Ihnen das bekannt vor?

Wie ist es um die Dinge bestellt, die Ihnen Erholung, Spaß und Freude bringen?

....
....
....
....

Legen Sie dann die beiden Blätter nebeneinander und vergleichen Sie sie miteinander. Wie ist das Verhältnis Rot zu Grün? Wie zufrieden sind Sie damit? Soll alles so bleiben, wie es ist? Wenn nicht: Was würden Sie gerne ändern? Wovon sollte es mehr in Ihrem Leben geben, wovon weniger? Überlegen Sie, welches die drei ersten kleinen Schritte sein könnten, um Druck abzubauen und den Erholungsbereich auszudehnen.

Die innere Balance lässt sich nicht überlisten

Stets für andere da sein wollen ist zwar ein edler und ehrenwerter Anspruch, doch ohne Erholung kann das nicht lange gut gehen. Es braucht Zeit für Schlaf, Träumen, Loslassen und dazu, Seiten Ihres Wesens zu leben, die jenseits von Leistung und Funktionieren stehen. Freundschaften, Hobbies, Sport, Kreativität beispielsweise. Und diese Zeit ist genauso wichtig wie die Zeiten Ihres Einsatzes für den Job und die Familie.

Die Ansprüche Ihrer Familie und Ihres Arbeitgebers sind das eine, Ihre eigenen Bedürfnisse das andere. Schön, wenn sie sich in etwa decken, ohne Sie zu überfordern, doch dann hätten Sie wahrscheinlich dieses Buch nicht aufgeschlagen. Wenn die Ansprüche anderer überhandnehmen und Ihre eigenen Bedürfnisse unter die Räder kommen, fühlen Sie sich überlastet, und das ist ganz normal.

Bei Überlastung rutschen wir oft in einen Zustand des bloßen Reagierens hinein. Wir versuchen, alles irgendwie auf die Reihe zu kriegen, und es scheint immer zu wenig zu sein, was wir schaffen. Ständig scheint der Körper dem Kopf hinterherzuhecheln. Dabei geht ganz zwangsläufig der Blick für das große Ganze verloren und wir fühlen uns oft wie fremdgesteuert. Wir sehen nur noch, was wir alles »müssen«, und kaum mehr, was eigentlich wirklich wichtig für unser Leben ist.

Je mehr Aufgaben auf Ihrer Agenda stehen, desto wichtiger ist es, die eigenen Kräfte gut einzuteilen und achtsamer als bisher mit Ihren Bedürfnissen und Grenzen umzugehen.

Das Plus-Minus-Tagebuch
Die kritischen Felder aus Ihren Testergebnissen und Einschätzungen spiegeln sich in bestimmten Haupt-Knackpunkten in Ihrem Alltag, ebenso die wahrgenommenen und nicht wahrgenommenen Erholungsmöglichkeiten. Viele Dinge tun wir, weil wir es immer schon so gemacht haben oder weil wir einfach daran gewöhnt sind. Viele Gedanken und Selbstgespräche vollziehen sich genauso automatisch. Wenn wir etwas ändern wollen, ist es unabdingbar, uns unsere inneren Muster deutlich bewusst zu machen. Was uns nicht bewusst ist, können wir auch nicht verändern.

> **Übung: Das Plus-Minus-Tagebuch – Bestandsaufnahme**
> Werden Sie sich klarer, welche Faktoren zu Druck und Anspannung führen und welche für Erholung und Entspannung sorgen. Führen Sie dazu für eine Woche lang ein Tagebuch, in dem Sie vermerken, wann Sie
>
> - sich gestresst fühlen und wodurch (Situation, Beteiligte usw. – was war jeweils der Auslöser?),
> - was Sie in diesen Situationen gefühlt und gedacht haben,
> - was Sie anschließend getan haben,
> - und am Ende des Tages treffen Sie eine Einschätzung darüber, wie viel Zeit diese Stressperioden insgesamt beansprucht haben.
>
> Notieren Sie sich aber auch für jeden Tag,

- was Sie unternehmen, um für Ausgleich und Erholung zu sorgen,
- und am Ende des Tages treffen Sie auch hier eine Einschätzung darüber, welchen Zeitraum alle Ihnen wohltuenden Dinge insgesamt einnehmen.

Oftmals gibt schon diese Bestandsaufnahme Aufschluss darüber, wo und wie Veränderungen im Alltag möglich sein können. Oder es geht Ihnen wie meiner Klientin Clara, einer 32-jährigen Marketingassistentin in Teilzeit mit einem dreijährigen Sohn, die nach ihrer Tagebuch-Woche sagte: »Nach dem zweiten Tag wurde mir klar, dass ich für die Abteilung Freude und Wohltuendes herzlich wenig einzutragen hatte. Nicht mal Kleinigkeiten. Das hat mich richtig geschockt. Da fing ich dann in den folgenden Tagen damit an, mehr kleine Erholungspausen einzuschieben. Inzwischen denke ich daran, wie ich es zuwege bringen könnte, wieder Tennis zu spielen. Das hat mich früher immer total begeistert. Alles um mich rum zu vergessen, mich so richtig auszupowern und danach ganz entspannt zu fühlen. Weiß noch nicht, wie ich die Zeit dafür freischaufle, doch ich arbeite daran.«

Birgit, 29, selbstständige Webdesignerin, fiel auf, dass das, was sie als Pausen betrachtete, eigentlich gar keine waren. »Ich räume dann in der Wohnung rum, immer gibt es etwas, was noch schnell in Ordnung gebracht werden kann, und kaum habe ich das eine gemacht, sehe ich schon wieder etwas anderes. Zur Ruhe komme ich nur abends vor dem Fernseher. Und auch da habe ich schon nebenbei Bürokram sortiert oder Mails auf dem Laptop beantwortet. Einfach nur entspannen, ohne dass dabei etwas Nützliches herauskommt, ich glaube, das habe ich verlernt.«

Übung: Das Plus-Minus-Tagebuch – Neubewertung
Seien Sie also nicht allzu schockiert, wenn Ihre Bestandsaufnahme möglicherweise große Defizite im Bereich Erholung und Lebensfreude zutage fördert. Schließlich haben Sie ja gemerkt, dass etwas nicht stimmt, und sind motiviert, Abhilfe zu schaffen, und das ist schon ein großes Plus. Alles andere ist eine Frage des »Wie«, des »Wo« und des »Was«.
Beispielsweise:

- Wie kann ich mich von den Ansprüchen anderer an mich ein Stück weit lösen?
- Wie kann ich lernen, innerlich lockerzulassen und weniger perfekt sein zu wollen?
- Was brauche ich, um innerlich zur Ruhe zu kommen?
- Wie kann ich anderen Grenzen setzen?
- Wo kann ich Unterstützung finden?
- Was hilft mir dabei, wieder mehr Lebensfreude zu entwickeln?

Notieren Sie sich alle Impulse und Ideen, die Sie dabei unterstützen können, lockerzulassen und sich Aufgaben leichter zu machen. Wenn Sie bisher Ihr Selbstbewusstsein damit aufpoliert haben, dass Sie alles alleine schaffen und niemanden »brauchen müssen«, ist das keine einfache Aufgabe. Hier hilft ein Blickwechsel, eine Neubewertung. Nicht »alles alleine« ist der Anspruch, sondern »es sich leicht machen« und »gut für sich sorgen«.

Das Bewusstsein schärfen

Meist kündigt sich Überlastung durch ganz bestimmte Zeichen an, vielleicht durch Verspannungen im Rücken, ein Gefühl inneren Getriebenseins, ein rotierendes Gedankenkarussell, das nicht aufhören will, sich immer um das gleiche Thema zu drehen. Dies sind Signale dafür, dass wir dabei sind, in eine kräftemäßige Schieflage zu geraten. Daher ist es sinnvoll, angesichts dessen, was gerade zu tun ist, öfters auch mal innezuhalten und sich bewusst zu machen:

- Ist hier tatsächlich ein großer Einsatz erforderlich?
- Wo reicht auch weniger oder kann ich langsamer vorgehen?
- Wo kann ich Abstriche machen?
- Was davon kann ich ganz streichen?
- Was davon kann ich an andere abgeben, was kann ich delegieren?

Dazu wieder Clara: »Mir ist bewusst geworden, dass ich mich bei den meisten Dingen sehr anstrenge, absolut alles richtig zu machen. Wenn ich über dem Auftrag eines Klienten sitze, ist das natürlich okay. Ich will eine gute Arbeit liefern. Aber ich bin auch imstande, eine Viertelstunde an einer Bluse rumzubügeln und dann bis Mitternacht mit einem Wäscheberg beschäftigt zu sein. Oder Leon morgens zweimal umzuziehen, bloß weil da immer noch irgendwo ein Kleckerfleck klebt. So will ich nicht mit ihm in der Kita auftauchen. Dann vergeht Zeit und am Ende sind wir spät dran. Und Leon kriegt natürlich mit, dass ich jetzt immer hektischer werde, und wird quengelig. Wenn wir ankommen, ist er schon fast am Weinen und bin ich mit den Nerven fertig. Manchmal verstehe ich mich selbst nicht.«

Wenn wir uns Denk- und Verhaltensmuster bewusst machen, sind wir manchmal erfreut, manchmal erstaunt, manchmal entsetzt. Denn vieles, was wir tagtäglich tun, tun wir völlig automatisch, ohne uns Gedanken um andere

Denk- und Handlungsmöglichkeiten zu machen. Je nachdem, wie hoch die Ansprüche sind, die wir an uns selbst haben – im Beruf, als Mutter, als Partnerin –, neigen wir dazu, uns dann, wenn wir erkennen, dass die Dinge nicht so laufen, wie sie könnten, wie eine Dauerbaustelle zu fühlen. Bitte nicht! Ganz klar: Gefahr erkannt heißt noch lange nicht Gefahr gebannt, jedoch: Wenn wir zu viel auf einmal ändern wollen, halsen wir uns nur neuen Stress auf. Und das ist natürlich kontraproduktiv, wenn wir künftig für mehr Gelassenheit und Erholung für uns selbst sorgen wollen.

Fragen Sie sich angesichts Ihrer Veränderungsimpulse also:

- Wofür will ich künftig weniger Energie aufwenden?
- In welche Bereiche investiere ich die dadurch gewonnene Zeit?
- Was kann ich ohne viel Aufwand sofort ändern?
- Was sind Dinge, die ich ändern will, wo ich aber noch Wege finden muss?
- Für welche Veränderungsvorhaben brauche ich noch mehr Informationen, Rat, Hilfe, Unterstützung?

Birgits Kandidat für sofortiges Ändern war beispielsweise der ultimative Zeitpunkt für das Ende aller Arbeit. »Kein Nacharbeiten mehr für Haushaltssachen nach 20.00 Uhr«, sagte sie mir, »ich habe endlich begriffen, wie wichtig Schlaf für mich ist. Natürlich, jeder weiß das, ich natürlich auch. Dennoch meinte ich, noch zusätzliche Stunden herausschinden zu können, wenn ich einfach weitermache. Es würde dann am nächsten Tag weniger sein, sagte ich mir. Doch die Rechnung ging nie auf, denn dann kamen wieder neue Sachen, die zu erledigen waren, und der nächste Abend ging drauf. Haushalt wird eben nie fertig. Jetzt bleiben Dinge halt auch mal liegen. Was mir immer noch schwerfällt: Tom aufzufordern, mit anzupacken. Er müsste das doch eigentlich sehen, denke ich dann. Nee, tut er nicht. Aber ich kriege die Klappe nicht auf. Weiß nicht, was mich aufhält. Stolz? Angst vor einer Abfuhr? Oder nur Gewohnheit? Klar ist nur, dass ich mich jetzt selbst wichtig genug nehme, um für mich selbst Grenzen zu setzen. Für alles andere habe ich noch keine Lösung.«

Bei der Überprüfung der Art und Weise, wie wir Dinge handhaben, geht es darum, öfter zu hinterfragen, warum wir mit bestimmten Dingen so und nicht anders umgehen. Was uns antreibt, welche inneren Bilder und Vorstellungen uns leiten, denen wir meinen, genügen zu müssen. Und uns zu fragen, ob es nicht andere Möglichkeiten gibt, die uns weniger Zeit und Kraft abfordern.

Dies ist ein Weg des stetigen Erkennens und Lernens. Je genauer wir wissen, worin genau unser Handlungsbedarf besteht, desto zielgerichteter können wir gegensteuern. Das ist uns aber nicht möglich, wenn wir ständig nur im Action-Modus sind und/oder wir uns zwingen, einfach nur in den uns, von anderen oder uns selbst, zugedachten Rollen zu funktionieren, bis es irgendwann nicht mehr geht.

Wenn Sie sich jedoch die Zeit nehmen, immer wieder zu reflektieren, sich bewusst in sich einzufühlen und Ihre Wahrnehmung an der realen Situation im Hier und Jetzt zu prüfen, werden Sie Alternativen sehen, wie Sie sich in dieser Situation zielgerichteter und »energiesparender« als bislang verhalten können.

Sie werden dabei auch immer deutlicher erkennen, ob Ihre Empfindungen und Gefühle tatsächlich etwas mit der aktuellen Situation zu tun haben oder ob sie einfach nur von früheren Erfahrungen und Gewohnheiten herrühren und dem Diktat überaktiver Innerer Antreiber folgen.

Impuls 2: Schach dem Super-Mutter-Syndrom

Jeder Mensch sehnt sich nach Wertschätzung und Zugehörigkeit. Beides ist daran gekoppelt, Erwartungen gerecht zu werden, die andere an uns stellen. So richten wir uns alle mehr oder weniger danach aus, Erwartungen anderer zu erfüllen: Seien es die Erwartungen des Chefs, unseres Partners, jene, die die Kinder an uns richten – oder auch die aller möglicher anderer Leute: Freunde, Kollegen, Bekannte, Nachbarn.

Doch auch ganz allgemeine, unausgesprochene Erwartungen spielen bei unseren Entscheidungen eine Rolle: Jene, die mit kulturellen Normen zu tun haben und uns durch Erziehung, Schule, dem Freundeskreis und auch den Medien vermittelt worden sind.

Gerade an Mütter werden viele, oft widersprüchliche Erwartungen gestellt und widersprüchliche Idealbilder stilisiert, die sich oft jenseits der Realität bewegen.

Durch offene und unterschwellige Erwartungen beeinflusst, glauben wir oft, als Mutter nur dann erfolgreich zu sein, wenn wir allem und jedem gerecht werden. Das ist typisch für das »Super-Mutter-Syndrom«.

Fatalerweise hat jeder andere Erwartungen an uns: Die Kinder erwarten etwas anderes als der Partner, der Chef etwas anderes als die Kollegen, die Klassleiterin des Kindes etwas anderes als die eigenen Eltern. Wenn wir uns zu stark von Erwartungen anderer leiten lassen, machen wir uns damit auch von Faktoren abhängig, die wir nicht beeinflussen können. Egal, wie wir uns verhalten, es wird immer Menschen geben, die unser Verhalten, unser Outfit oder unser Zeitmanagement kritisieren oder eine andere Vorstellung davon haben, wie man Kinder erzieht. Es wird immer jemanden geben, dem irgendetwas an dem missfällt, was wir tun oder nicht tun.

Konkurrenz und Leistungsdruck

Trotz dieses Wissens, es nicht jedem recht machen zu können, vergleichen wir uns häufig ganz unwillkürlich mit anderen. Natürlich, positive Anregungen durch andere Mütter, die ihren Alltag anscheinend müheloser managen als wir, sind manchmal ganz hilfreich – wir können da und dort noch etwas dazulernen. Vergleiche können aber auch zu nagenden Selbstzweifeln und zur Entmutigung führen.

Wohl niemand ist ganz frei von Konkurrenzdenken. Wir wollen gerne gut dastehen und im Wettbewerb der erfolgreichen Frauen und Mütter die Nase vorn haben. Anderen beweisen, dass wir es schaffen, alles unter einen Hut zu kriegen. Zu denen gehören, die es richtig machen. Erfolg haben. Mithalten können. Uns nichts zuschulden kommen lassen. Uns nichts nachsagen lassen. Stolz sein können, dass wir alles stemmen. Und vielleicht auch ein wenig auf die herunterschauen können, die's nicht auf die Reihe kriegen, oder?

Als Mütter stehen wir unter einem enormen Leistungsdruck. Wer Kinder hat, übernimmt eine große Verantwortung. Wenn wir versuchen, dem Bild der Supermutter zu folgen, gibt's zwar immer mal einen Kick, wenn uns dies gelingt. Doch auf Dauer verlieren wir den Kontakt zu dem, was uns selbst wirklich wichtig ist – als Person, als Partnerin, als Mutter, im Beruf und in unserer Freizeit. Stattdessen investieren wir viel Zeit und Energie, allen an uns gerichteten Erwartungen gerecht zu werden und alle Aufgaben tadellos zu erledigen. Notfalls verzichten wir halt auf Pausen und ignorieren am Abend das Bedürfnis, zu einer vernünftigen Zeit ins Bett zu kommen. Betrachten Sie noch einmal Ihre Bestandsaufnahme aus Impuls 1 und richten Sie Ihre Aufmerksamkeit auf den »roten« Bereich:

- Wie viel von dem, was dort steht, hat damit zu tun, ein bestimmtes Bild von sich selbst präsentieren zu wollen?
- Wie viel hat damit zu tun, Kritik anderer zu vermeiden, indem Sie ein möglichst makelloses Verhalten an den Tag legen wollen?

»Natürlich ist mir klar, dass all die top gestylten Mütter in den Medien Erfindungen der Werbeindustrie sind«, sagt Clara, »trotzdem ärgert es mich, wenn immer wieder vorgeführt wird, wie mühelos Familie und Beruf zu managen sind, wie man überall eine gute Figur macht und dabei unentwegt lächelt, umgeben von ebenso top gestylten Kindern. Es ärgert mich einfach, weil mir dann meine eigenen Defizite doppelt so deutlich vor Augen stehen.«

Damit steht Clara nicht alleine da. Obwohl wir durchschauen, dass viele der Leitbilder, die wir täglich vermittelt bekommen, bestenfalls geschönt und schlimmstenfalls einfach einer interessengeleiteten Phantasie entsprungen sind, entfalten sie Wirkung. Zumindest unterschwellig. Wenn wir dann noch sehen, wie viele Freundinnen, Kolleginnen, Mütter anderer Kinder in der Krabbelgruppe, im Kindergarten oder in der Schule anscheinend – zumindest in Ansätzen – den Hochglanzbildern entsprechen, tja, wie fühlen wir uns dann? Mithaltenkönnen um Dazuzugehören ist eine nicht zu unterschätzende Triebfeder dafür, immer wieder über unsere Grenzen zu gehen. Schließlich wollen wir nicht außen vor stehen, sondern wollen zeigen, dass wir genauso gut, genauso fit, genauso erfolgreich sind und dass auch unsere Kinder im Wettbewerb punkten. Was wir uns dann wieder als Erfolg anrechnen könnten. Und doch müssen wir uns fragen: Ist das überhaupt machbar? Und: Ist es den Einsatz wert? Ist es nicht wichtiger, dem zu folgen, was wir selbst gut finden, und zu relativieren, was andere für gut halten? Eine gesunde Distanz zu den Wertvorstellungen anderer zu finden?

Unser Körper und unsere Gefühle geben uns viele Zeichen, an denen wir ablesen können, wann wir gestresst sind und uns überlastet fühlen. Doch oft ignorieren wir diese Signale und finden unglaublich viele Rechtfertigungen dafür, warum wir gerade jetzt die Zähne zusammenbeißen müssen und nicht lockerlassen können.

Was befürchten Sie eigentlich?

Im Grunde wissen wir ja, dass es nicht möglich ist, jedem gerecht zu werden. Und zum anderen: Was passiert eigentlich Furchtbares, wenn wir nicht die ideale Überfliegerin, ideale Partnerin und ideale Mutter in Personalunion sind?

Machen Sie sich bewusst, was eigentlich genau passieren könnte, wenn Sie damit aufhören, diesen Idealbildern entsprechen zu wollen und sich stattdessen mehr um Ihr Wohlbefinden, Ihre eigenen Werte und Ihre innere Balance kümmern. Werden Sie entlassen? Reicht Ihr Partner die Scheidung ein? Treten Ihre Kinder dem »Meine-Mama-ist-furchtbar«-Club bei? Oder verwahrlost der Nachwuchs und das Jugendamt schlägt seine Zelte in Ihrer Wohnung auf?

> Übung: Ihre Befürchtungen
>
> Was genau befürchten Sie, wenn Sie ein Stück weit Abstand davon nehmen, immer allen konkreten und vermuteten Erwartungen anderer gerecht werden zu wollen?
>
> Meine Befürchtungen:
>
> ....
>
> ....
>
> Wenn Sie selbst nun einschätzen, wie wahrscheinlich es ist, dass Ihre Befürchtungen tatsächlich eintreffen, wie sähe das aus?

Schreiben Sie hinter jede einzelne Befürchtung, wie wahrscheinlich es ist, dass sie Wahrheit werden könnte. Schätzen Sie auf einer Skala von 1 bis 10 »aus dem Bauch heraus« (0 = unwahrscheinlich, 10 = äußerst wahrscheinlich):

....

....

Dann machen Sie mal die Probe auf's Exempel und fragen Sie eine Person Ihres Vertrauens, wie sie die Lage beurteilt. Bitten Sie diese Person darum, wirklich offen und schonungslos zu antworten. Wie schätzt sie die Situation ein? Lassen Sie auch die Person Ihres Vertrauens ihre Einschätzung auf einer Skala von 1 bis 10 treffen.

....

....

Dann vergleichen Sie beide Ergebnisse. Wahrscheinlich sind Sie schon bei der eigenen Einschätzung darauf gekommen, dass viele Befürchtungen einfach überzogen sind und Sie sich vielleicht gar nicht erklären können, weshalb sich solche Bilder so dominant in Ihrem Kopf breitmachen und vielleicht bisher viele Ihrer Entscheidungen gesteuert haben. Spätestens der Blick der Person Ihres Vertrauens zeigt, dass die meisten Befürchtungen übertrieben sind. Oft sind es tatsächlich nur Vermutungen, was andere alles von Ihnen erwarten könnten. Oder sie erwarten ganz andere Dinge, als wir glauben.

»Ich habe mich unter einen Riesendruck damit gesetzt, dass ich glaubte, ich müsste in meinem Job und auch als Mutter perfekt sein«, sagte Susan, 26, Webdesignerin und alleinerziehende Mutter zweier Kinder. »Einfach um zu beweisen, dass ich das alles kann. Die Entwicklung von Annika und Frederick wurde mein wichtigstes Projekt. Ich wollte den Kindern alles bieten, was ich selbst als Kind nicht hatte: tolles Spielzeug, Musikunterricht, Markenklamotten. Sie sollten einfach optimal gefördert werden und mit den anderen Kindern in jeder Hinsicht mithalten können. Dass ich alleinerziehend bin, sollte kein Makel sein. Meinem Chef und den Kollegen wollte ich beweisen, dass ich mindestens genauso leistungsfähig bin wie jeder andere in der Abteilung. Dabei wurde ich aber immer unzufriedener, hatte den Eindruck, überall schleichend ins Hintertreffen zu kommen. Annika hatte keine Lust auf Flöte und Klavier. Es gab Szenen und schließlich habe ich kapituliert, immer aber im Kopf, wie wichtig Musik für die frühkindliche Entwicklung ist. Ihre Unlust war mein Versagen. Das dachte ich wirklich. Frederick ging mit seinen angesagten Klamotten um, als hätte ich sie ihm aus der Kleiderkammer besorgt. Auch hier gab es Szenen, weil er fast jeden Tag mit neuen Löchern und Flecken an Jeans und Pullis heimkam. Da musste ich dann auch kapitulieren. Ich kann nicht ständig neue Anziehsachen kaufen. Und im Betrieb hatte ich den Stempel weg, besonders pflegeleicht zu sein. Mir könne man eine Menge zumuten, ohne dass ich mich beschwere. Währenddessen wurden meine gelegentlichen Kopfschmerzen chronisch und ich konnte nachts nicht mehr durchschlafen, dachte immer, ich hätte irgendetwas vergessen, oder machte mir Sorgen um den nächsten Tag. Als ich mich selbst nach meinen Befürchtungen fragte und auch meine Freundin Jasmin hinzuzog, habe ich erkannt, wie wenig ich mich eigentlich um mich selbst kümmere und wie wenig um das, was meine Kinder eigentlich wirklich von mir wollen: mehr gemeinsame Erlebnisse und Spaß mit Mama.«

Das Selbstbild unabhängiger vom Fremdbild machen ist wichtig, um innerlichen Druck abzubauen. Damit leben zu lernen, den Erwartungen anderer öfter mal nicht zu entsprechen, und zu erleben, dass dies kein Weltuntergang ist, lässt Sie auf Dauer ruhiger und gelassener werden.

Übung: Ihre Befürchtungen noch einmal

Gerade wenn Sie in einer bestimmten Situation den intensiven Drang verspüren, andere um (fast) jeden Preis zufriedenzustellen, sollten Sie sich fragen, was Sie jetzt eigentlich genau befürchten. Fragen Sie sich:

- Ertrage ich vielleicht den Gedanken nicht, dass mein Chef, mein Partner, mein Kind von mir enttäuscht sein oder böse auf mich sein könnte?
- Habe ich dann ein schlechtes Gewissen?
- Habe ich Angst davor, dass andere mich schief anschauen?
- Befürchte ich, in der Achtung anderer zu sinken?
- Habe ich Angst, mich ausgeschlossen zu fühlen?

Welche anderen Gründe könnten noch eine Rolle spielen? Was genau, glauben Sie, an der vorgestellten Reaktion Ihrer Umgebung nicht ertragen zu können? Sodass Sie lieber über Ihre Kräfte wirtschaften und eine chronische Erschöpfung in Kauf nehmen, als das aushalten zu müssen.

Schreiben Sie nieder, was genau diese Befürchtungen sind.

Ich könnte es nicht ertragen, dass:

．．．

．．．

Auch wenn Sie sich dann in der momentanen Situation Ihren Befürchtungen gehorchend wieder so verhalten, wie Sie sich immer verhalten, so hilft es doch, die starren Verhaltensmechanismen und die dahinterliegenden Leitbilder und Ängste zu hinterfragen, statt ihnen weiter einfach unreflektiert zu folgen. Sie haben sozusagen ein Loch in den Staudamm gebohrt. Akzeptieren Sie, dass »Gefahr erkannt« nicht automatisch »Gefahr gebannt« heißt, und beglückwünschen Sie sich dafür, dass Sie damit begonnen haben, den Zusammenhang zwischen dem Erwartungsdruck von außen und unterschwelligen Ängsten deutlicher zu sehen. Auch wenn diese dann nicht sofort von der Bildfläche verschwinden.

Erkenntnis ist nur der erste Schritt – aber der wichtigste

Wenn Sie schon einmal versucht haben, ein paar Kilo abzunehmen, dann ist Ihnen klar, dass Sie sehr wohl wussten, wie ein zielführendes Essverhalten aussehen kann – und trotzdem waren die alten Gewohnheiten manchmal stärker als das Wissen und die Einsicht. Wissen bedeutet nicht automatisch Veränderung, aber es ist meist die Voraussetzung, um etwas ändern zu können.

Um beim Vergleich mit dem Essverhalten zu bleiben: Wenn Sie rein gar nichts über den Zusammenhang von Ernährung und Körpergewicht gewusst hätten, wäre es Ihnen auch nicht möglich gewesen, etwas Zielführendes zu unternehmen.

Daher ist es sehr wichtig, sich zunächst der Zusammenhänge zwischen äußerem Druck und inneren Befürchtungen bewusst zu machen, um überhaupt gezielt etwas ändern zu können.

»Mach's allen recht« ist ein mächtiger Antreiber, und wenn er sich mit »Sei perfekt« zusammenschließt, wird »Mach's allen perfekt recht« daraus, und diese Situation lässt sich dann gut mit der Kindergeschichte vom Hasen und vom Igel beschreiben. Leider sind Sie dann dabei der Hase und nicht der Igel.

Übung: Selbsterkenntnis

Verlassen wir den Hase-und-Igel-Vergleich und nehmen wir nun einen ganz anderen Blickwinkel ein. Stellen Sie sich vor, es gäbe diese Leitbilder von der Supermutter oder der Superalleskönnerin nicht. Sie wären völlig frei in Ihren Entscheidungen. Was würden Sie tun?

Als Mutter würde ich ……………………………
Als Partnerin würde ich ……………………………
In Bezug auf meine Arbeit würde ich ………………
In meiner Freizeit würde ich ……………………………
Um für Spaß und Freude zu sorgen, würde ich

……………………………

Gibt es auch Dinge, die Sie dann nicht mehr tun oder von denen Sie sich entlasten würden? Welche wären das?

Was ich nicht mehr tun würde: ……………………
Wovon ich mich entlasten würde: …………………

Schreiben Sie einfach spontan auf, was kommt. Auch solche Dinge, von denen Sie innerlich sagen: So etwas kann ich doch nicht schreiben. Sie schreiben es nur für sich, nicht für jemand anderen. Und es ist nur eine Vorstellung. Die Gedanken sind bekanntlich frei. Machen Sie sich klar, was Sie möchten und was Ihnen wichtig ist. Bilden Sie sich Ihr eigenes Urteil darüber, was Sie brauchen, um glücklich zu sein – und worauf Sie gut und gern verzichten können. Dadurch, dass sie sich Ihrer Wünsche bewusst werden, ohne sich zu fragen, ob Sie das nun wollen »dürfen« oder nicht, erhalten Sie einen Einblick in das, was Ihnen momentan fehlt. Und gleichzeitig Hinweise, in welche Richtung eine Veränderung gehen könnte.

Impuls 3: Loslassen überzogener Ansprüche an sich selbst

Das Bestreben, es anderen recht zu machen, ist das eine, die Ansprüche, die wir an uns selbst haben, das andere. Natürlich steht beides miteinander im Zusammenhang. Wir spüren den Erwartungsdruck von außen und machen uns dann selbst Druck, die jeweilige Erwartung zu erfüllen. Den Druck von außen können wir in der Regel deutlich benennen:

Mein Mann erwartet ...
Meine Kinder erwarten ...
Mein Chef erwartet ...

Und so weiter. Wir wissen oder glauben zu wissen, was der andere von uns will. Der Anspruch, den wir an uns selbst haben, wird von diesen Erwartungen gespeist, aber bei weitem nicht allein davon. Wenn wir Erwartungen anderer erfüllen, mit denen wir uns im Grunde nicht identifizieren, ist unser Motiv vorrangig, Anerkennung zu erhalten oder negative Reaktionen zu vermeiden. Treffen die Erwartungen anderer jedoch mit den Ansprüchen, die wir an uns selbst haben, zusammen, dann erwächst daraus zusätzlicher Druck: Das schlechte Gewissen wird aktiviert.

Wenn beispielsweise die Kita erwartet, dass wir uns am Sommerfest mit selbst gebackenem Kuchen und einigen Stunden am Verkaufsstand beteiligen und wir im Job unabkömmlich sind, dann wird sich zwar das schlechte Gewissen melden, wenn wir absagen, doch es wird uns nicht nicht allzu lang beschäftigen. Haben wir jedoch den Anspruch an uns selbst, dass wir Job und Familienpflichten jederzeit perfekt auf die Reihe kriegen müssen, dann werden wir notfalls den Kuchen auch im Morgengrauen backen und ihn, von tausend Entschuldigungen begleitet, in der Mittagspause zur Kita fahren. Und dabei das Gefühl haben, dass wir es mal wieder nicht geschafft haben. Mit schlechtem Gewissen in der Größe eines Elefanten. Der Erwartungsdruck von außen ist im zweiten Fall deckungsgleich mit dem inneren Anspruch. Wir identifizieren uns voll damit und wir treiben uns viel gnadenloser an, die Erwartungen zu erfüllen, als wenn wir innerlich nicht dem Anspruch der Superalleskönnerin huldigen.

An den Erwartungen der anderen können wir nichts ändern, wohl aber an unserem Selbstbild und den damit verbundenen Ansprüchen. Doch woher kommen diese Ansprüche?

Die Quellen unserer Ansprüche

Wir bringen von Haus aus viele Vorstellungen davon mit, wie wir sein »sollten«, um uns gut fühlen zu können. Und die heutigen Erwartungen der Kinder, des Partners, der Firma, der Nachbarn usw. setzen auf diese innere Vorprägung auf. So ist es auch gut nachvollziehbar, warum wir individuell so verschieden auf Stress reagieren.

Ansprüche an sich selbst sind nichts Schlechtes, sondern sie sind eine wichtige Antriebskraft für alle unsere Aktivitäten und können uns auch wichtige Entwicklungsimpulse geben. Gänzlich frei von Ansprüchen an sich selbst zu sein kann nicht das Ziel sein. Dies würde bedeuten, keine Wertmaßstäbe zu haben.

> Übung: Die Quellen Ihrer Ansprüche
>
> Also kommt es darauf an, sich das richtige Maß zuzugestehen. Dazu gehört es, die eigenen Grenzen zu kennen und zu respektieren und auch die Erwartungen anderer kritisch zu hinterfragen. Unsere Vorstellung davon, was eine erfolgreiche Frau und eine gute Mut-

ter ausmacht und was nicht, wurde natürlich zuallererst vom Erleben unserer eigenen Mutter geprägt, so, wie wir sie als Kind erlebten. Wie war es für uns, eine Mutter zu haben, die rund um die Uhr für die Familie da war? Oder wie war es, eine Mutter zu haben, die tagsüber ihrem Job nachging und erst am Nachmittag oder am Abend für uns da war?

Wie haben Sie Ihre Mutter erlebt? Was fanden Sie gut, was fehlte Ihnen?

Haben Sie sich geborgen gefühlt oder erdrückt, geliebt oder geduldet, verlassen oder frei?

Schreiben Sie Ihre Gedanken dazu nieder.

Was ich gut fand: ....
Was ich mir anders gewünscht hätte: ....
Was ich als Erwachsene unbedingt anders
machen wollte: ....

Unsere frühen Erfahrungen wirken auf die Vorstellungen und Wünsche für unser eigenes Leben ein. Entweder, indem wir dem Beispiel folgen, oder auch, indem wir »alles ganz anders« machen wollen. Sie spielen mit bei der Frage, ob wir uns selbst ganz generell für oder gegen eigene Kinder entscheiden, und auch darauf, wie wir uns das Leben mit Kindern konkret vorstellen. Unsere Entscheidungen werden davon beeinflusst, wie wir uns selbst als Kind gefühlt und wie wir das Leben mit unseren Eltern und Geschwistern zusammen erlebt haben.

Sicherlich folgt das Leben dann nicht unbedingt dem, was wir uns anhand dieser Vorstellungen für unsere Lebensplanung überlegt hatten.

Aus vielerlei Gründen heraus ergibt es sich eben so, dass wir weiter unserem Job nachgehen und versuchen, Familie und Beruf unter einen Hut zu bringen, oder dass wir uns einige Jahre voll um die Kinder und den Haushalt kümmern. In jedem Fall aber haben unsere Erfahrungen in der Kindheit Einfluss auf unsere Zufriedenheit mit der jeweiligen Lebenssituation und unsere Ansprüche an uns selbst. Wer es beispielsweise als positiv erlebt hat, die Mutter nicht ständig um sich gehabt zu haben, wird auch selbst eher ohne schlechtes Gewissen als Mutter die eigene Karriere voranbringen können. Wer erlebt hat, dass die Mutter sich scheute, eigene Entscheidungen zu treffen, wird vielleicht die gleichen Probleme damit haben – oder besonderen Wert auf Unabhängigkeit und Eigenständigkeit legen.

Neben der Mutter als Vorbild oder »Antibild« für das eigene Selbstverständnis als Frau und Mutter spielen bei den Ansprüchen an uns selbst natürlich auch diejenigen Verhaltensregeln eine Rolle, die uns als Kind besonders häufig oder besonders intensiv eingeschärft worden sind. Hier kommen unsere dominierenden inneren Antreiber her (siehe Kapitel »Stress von innen«).

- Beeil dich!
- Sei perfekt!
- Sei stark!
- Streng dich an!
- Mach es allen recht!

Das heißt, dass auch unsere Ansprüche an uns selbst letztendlich von den Erwartungen anderer herrühren und auf das gründen, wofür wir gelobt und wofür wir getadelt oder bestraft wurden. Sie sind nur ein wenig älter als die Erwartungen, die heute an uns gestellt werden, und wir haben sie über Jahrzehnte hinweg so intensiv verinnerlicht, dass wir sie oft sogar für unverrückbare Charaktereigenschaften halten.

Selbst-Check:
Die Quellen Ihrer Ansprüche

Überlegen Sie: Was haben Sie als Kind von Mutter, Vater, Geschwistern oft gehört? Was wurde Ihnen besonders häufig gesagt? Sollten Sie vielleicht immer das brave Mädchen sein? Oder »sich nicht so anstellen«? Oder sich »mehr Mühe« geben? Schreiben Sie auf, welche Botschaften besonders häufig Thema in Ihrer Kindheit waren.

....

....

Was geschah, wenn Sie den elterlichen Vorstellungen nicht entsprachen? Was waren die Konsequenzen? Wie verhielt sich die Mutter? Wie verhielt sich der Vater?

....

....

Welche der Reaktionen Ihrer Mutter oder Ihres Vaters konnten Sie am schwersten verkraften?

....

....

Wie verhielten Sie sich, um diese Reaktionen unbedingt zu vermeiden?

....

....

Früh erlernte Reaktionsmuster prägen unsere Verhaltensweisen oft mehr, als es uns lieb ist. Dennoch sind sie keine in Stein gemeißelten Wahrheiten, sondern einfach nur Strategien, die wir als Kind verinnerlicht haben, um Lob zu bekommen und Tadel oder Strafe zu vermeiden. Sie sind der Boden, auf dem sich unsere Ansprüche an uns selbst entwickelt haben.

Das Diktat des schlechten Gewissens

Führen Sie sich nun vor Augen, in welchen Situationen Sie heute ein schlechtes Gewissen bekommen. Gegen welchen Anspruch an sich selbst haben Sie jeweils »verstoßen«? Notieren Sie sich eine Woche lang, in welchen Situationen sich das schlechte Gewissen meldet, wie Sie sich dann fühlen und wie der dahinterliegende Anspruch lautet.

Claras Notizen ergaben ein deutliches Bild: »Zunächst einmal war ich erschrocken darüber, wie oft ich eigentlich ein schlechtes Gewissen habe. An einigen Tagen hatte ich das Gefühl, dass ich mit dem Aufschreiben der Situationen nicht nachkomme. Im Job meldete sich das schlechte Gewissen meist dann, wenn ich das Arbeitspensum nicht schaffte, das ich mir vorgenommen hatte. Dann fühlte ich mich deprimiert und unzulänglich, ertappte mich dabei, dass ich die Pausen dafür hernehme um ›nachzuarbeiten‹. Zu Hause gleiches Thema, aber noch etwas anderes: Hier nahm ich mir besonders übel, wenn ich müde, misslaunig und kurz angebunden war und eigentlich nur in Ruhe gelassen werden wollte. Mein Anspruch an mich selbst ist, dass ich Stress im Job ohne Probleme wegstecke, dass ich viel schaffen kann, ohne müde zu werden, und dass ich – locker und entspannt – immer für die Kinder da bin. Als ich selbst ein Kind war, habe ich oft Sachen gehört wie ›Stell dich nicht so an‹, ›Streng dich an‹ und ›Mach schneller, du brauchst ja ewig‹. Ich denke schon, dass das ein Grund sein kann, warum ich mich oft selbst so unter Druck setze und mir wenig Ruhe gönne.«

Birgits Notizen hatten ein ähnliches Thema. »Das schlechte Gewissen meldet sich bei mir vor allem dann, wenn ich trödele oder etwas tue, was einfach nur Spaß macht. Da meldet sich schnell ›Du solltest jetzt aber eigentlich …‹ In meinem Elternhaus ging es viel darum, dass Dinge nützlich zu sein und einem Zweck zu dienen hatten. Vor allem mein Vater war sehr pflichtbewusst. Wenn ich für die Schule arbeitete und Einser schrieb, wurde ich sehr gelobt. Eine Zwei ging auch noch, aber bei einer Drei schüttelte er nur den Kopf. Freizeitbeschäftigungen fanden nur dann Gnade, wenn ›etwas Sinnvolles dabei herauskommt‹: basteln, Volleyball spielen im Verein, fotografieren, gute Bücher lesen: ja. Einfach nur rumhängen und Musik hören oder lange mit Freundinnen zu telefonieren galt als Zeitverschwendung. Mein Vater war enttäuscht von mir, wenn ich nicht spitze war. Auch heute ertrage ich es noch schlecht, wenn ich in mich gesetzte Erwartungen und meine Ansprüche an mich nicht voll erfüllen kann. Und die Ansprüche an mich selbst hatte ich immer weiter in die Höhe geschraubt: an meine Arbeit, meine Qualitäten als Mutter und als Partnerin, mein Aussehen, mein Outfit und was weiß ich noch. Ich bin selten wirklich zufrieden mit mir.«

Marlene, 31, ist gelernte Einzelhandelskauffrau und seit der Geburt ihrer dritten Tochter Vollzeit-Mutter. Ihr schlechtes Gewissen meldet sich vor allem dann, wenn sie eigene Bedürfnisse über die anderer stellt. »Meine Mutter war Hausfrau und immer für Papa, meine Schwester und mich da. Sie verzichtete auf vieles, damit wir es gut haben sollten. Ihr Motto war: Wenn es euch gut geht, geht es mir auch gut. Natürlich war es toll, dass meine Schwester und ich neue Wintermäntel bekamen, während Mama das sechste Jahr in Folge ihren alten auftrug. Dass es uns an nichts fehlte, während sie sich kaum etwas gönnte. Obwohl ich es genoss, so verwöhnt zu werden, machte mir das schon als Kind ein schlechtes Gewissen. Ich hätte mich weniger schuldig gefühlt, wenn sie besser für sich selbst gesorgt hätte. Und heute?

Heute bin ich selbst die, die nimmt, was übrig bleibt. Wenn alle anderen zufrieden sind, fühle ich mich entlastet und nehme es hin, selbst zu kurz zu kommen. Ich habe wohl einfach den Anspruch der Selbstlosigkeit von meiner Mutter übernommen und zu meinem eigenen gemacht. Für meine Kinder kann ich kämpfen wie eine Löwin – aber wenn ich tatsächlich mal etwas für mich selbst durchsetzen will, gehe ich schnell in die Knie. Im Alltag gehen mir meine Kinder manchmal furchtbar auf den Wecker. Aber das darf nicht sein, man muss seine Kinder doch immer lieben. Wenn ich mich genervt fühle, ist das schlechte Gewissen am stärksten.«

Das schlechte Gewissen meldet sich immer dann, wenn wir innere Normen und Werte verletzen – egal, was sie im Einzelnen beinhalten. Viele unserer inneren Normen und Werte sind vernünftig und zweckmäßig und helfen uns dabei, gute Entscheidungen zu treffen. Andere haben wir unreflektiert übernommen, oder sie sind realitätsfern wie das Bild der Supermutter oder der Superalleskönnerin.

Das schlechte Gewissen ist eine Kontrollinstanz, die in vielerlei Hinsicht gut und sinnvoll ist, nämlich dann, wenn es uns davor bewahrt, uns selbst oder anderen Schaden zuzufügen. Doch kann das schlechte Gewissen auch zu einer schweren Bürde werden, zum Beispiel, wenn wir die Ansprüche an uns selbst und unser Verhalten in absurde Höhen treiben. Der Anspruch, alles »richtig« machen zu wollen, und die ernüchternde Erfahrung, dass dies oftmals einfach nicht geht, kann dann erdrückend sein. Die Folge: Wir fühlen uns häufig hilflos und unzulänglich, kritisieren an uns herum und machen uns Vorwürfe. Dies spiegelt sich auch im inneren Dialog wider.

Der innere Kritiker

Nahezu jeder spricht innerlich mit sich selbst. Der innere Dialog bezieht sich meist auf aktuelle Vorhaben (»Ich darf nicht vergessen, dass ...«) oder wir kommentieren Aufgaben, die wir erledigt haben (»Na ja, das war keine Glanzleistung«). Oft appellieren wir auch an uns selbst, Dinge auf eine bestimmte Art und Weise zu tun. (»Du solltest ...«).

Der innere Umgangston kann ermutigend oder entmutigend sein. Wer hohe Ansprüche an sich selbst stellt und dann zwangsläufig häufig an ihnen scheitern muss, beherbergt meist auch eine sehr kritische innere Stimme, die nur selten etwas Nettes sagt wie »Gut gemacht« oder »Gönne dir jetzt etwas Ruhe«, sondern sich vor allem an unseren inneren Antreibern orientiert: »Du solltest ... noch mehr tun! ... noch schneller sein! ... noch besser werden!«

Menschen, die sich stark antreiben und hohe Ansprüche an sich stellen, haben meist auch einen besonders unbarmherzigen inneren Kritiker.

Ein stark ausgeprägter »innerer Kritiker« führt uns jedoch von früh bis spät unsere Fehler und Schwächen vor Augen. Er lässt das, was wir gut bewältigt haben, unter den Tisch fallen und hindert uns daran, dass wir entspannen und auch einmal fünfe gerade sein lassen können. Er ist sozusagen die Summe all der Ratschläge, Anweisungen, Befehle und Verbote, mit denen wir groß geworden sind.

> Übung: Der innere Kritiker
>
> Gehen Sie wieder in die Position der Beobachterin: In den Situationen, wo das schlechte Gewissen auftaucht, wird im Schlepptau davon sich auch der innere Kritiker zu Wort melden. Wie äußert er sich? In welchen Situationen tritt er besonders stark auf? Richtet sich die Kritik an Ihre Arbeitsleistung, Ihr Äußeres, Ihr Ver-

halten innerhalb der Familie oder auf bestimmte Fähigkeiten?

Schreiben Sie auf, was genau er – oder sie – sagt. Viele dieser kritischen Sätze kennen Sie zur Genüge, andere sind Ihnen vielleicht bisher noch nicht so bewusst gewesen. Wenn Sie sich jedoch etwas Zeit nehmen und aufschreiben, was genau Sie in bestimmten Situationen zu sich selbst sagen, dann kann dies sehr erhellend sein und Ihnen konkrete Ansatzpunkte dafür geben, Ihren inneren Umgangston gezielt zu verändern.

Sprechen Sie dann, wenn Sie allein sind, die Sätze, die Sie aufgeschrieben haben, laut aus. Beispielsweise: »So ein Mist, wieso hast du nicht …«, »Wenn du auf Zack wärst, hättest du …« und Ähnliches, je nachdem, wie die Kommentare Ihres inneren Kritikers beschaffen sind.

Die kritischen Sätze – die manchmal regelrechte Beschimpfungen sind, die Sie nie jemanden an den Kopf werfen würden – tatsächlich laut auszusprechen fällt am Anfang vielleicht schwer, doch es macht bewusst, wie Sie mit sich selbst umgehen. Und Sie erkennen dadurch auch besser, wo diese Sätze eigentlich herkommen. Meist hat sich die vorwurfsvolle innere Stimme aus mehreren Einflüssen heraus entwickelt: dem Elternhaus, der Schulzeit, Vorbildern aus Werbung, Showbusiness, Gesellschaft, den Medien usw. Einiges davon haben Sie wahrscheinlich schon unter der Rubrik »Reaktionen Ihrer Mutter oder Ihres Vaters« (siehe Selbst-Check: Die Quellen Ihrer Ansprüche) vermerkt. Was fällt Ihnen noch ein an Einflüssen darauf, wie Sie sein »sollten«?

....

....

....

Indem Sie die Botschaften Ihres inneren Kritikers bestimmten Quellen zuordnen, transportieren Sie sie aus Ihrem Inneren wieder zurück nach außen, dahin, wo sie vor langer Zeit einmal herkamen. Sie schaffen Distanz.

Wenn sich der innere Kritiker wieder meldet, können Sie sich sagen: »Ach ja, jetzt höre ich grade wieder meine Mutter« oder »Das war eindeutig die Supermutter aus der Sendung, die ich als Kind oft angeschaut habe« usw.

Sie gewinnen inneren Abstand zur kritischen Stimme und werden sich immer mehr bewusst, dass sie weniger aus Ihrem Inneren kommt als vielmehr ursprünglich aus dem Mund anderer Menschen – auch wenn das schon sehr lange her ist. Und diese anderen Menschen müssen nicht »die Wahrheit« verkündet haben, sondern lediglich eine Ansicht – und es gibt viele andere Ansichten, die man zum gleichen Thema haben kann.

Auch wenn wir erkannt haben, woher der innere Kritiker und Auslöser des schlechten Gewissens kommt, können wir ihn meist nicht einfach per Knopfdruck abstellen, dazu ist er schon zu lange am Werk – die Macht der Gewohnheit eben. Doch indem wir uns immer wieder klarmachen, dass es sich dabei lediglich um Prägungen aus früherer Zeit handelt, nehmen wir ihm einiges von seiner Macht auf unser Denken, Fühlen und Tun. Wir gewinnen innerlich Abstand zur mahnenden Stimme und können objektiver entscheiden, welcher unserer Ansprüche an uns selbst sinnvoll und welcher überzogen ist.

Übung: Prüfen Sie Ihre Ansprüche

Listen Sie Ihre Ansprüche an sich selbst nun einfach mal auf. Was erwarten Sie von sich selbst? In Ihrem Job? Als Mutter? Als Partnerin? Von Ihrem Aussehen? Von Ihrem Verhalten?

- Als Mutter erwarte ich von mir …
- Als Partnerin erwarte ich von mir …
- Von meinem Aussehen und meinem Auftreten erwarte ich …
- In Bezug auf meinen Job erwarte ich von mir …
- In der Organisation des Familienlebens erwarte ich mir …
- In Bezug auf den Haushalt erwarte ich von mir …
- Nur wenn ich …, fühle ich mich gut.

Vielleicht wird Ihnen schon beim Niederschreiben bewusst, dass etliche Ihrer Ansprüche an sich selbst »jenseits von Gut und Böse« sind. Zu hoch, zu viel, zu perfektionistisch. Gehen Sie die einzelnen Punkte durch und fragen Sie sich jeweils:

- Ist dieser Anspruch realistisch und angemessen oder verlange ich zu viel von mir?

  ....

- Was fürchte ich, könnte schlimmstenfalls passieren, wenn ich diesem Anspruch nicht immer gerecht werde?

  ....

- Welchen meiner Ansprüche kann ich etwas niedriger ansetzen?

  ....

- Wo genügen statt 100 % perfekt auch 90 % oder weniger?

....

- Wo kann ich loslassen und toleranter mit mir sein?

....

Wenn Sie Ansprüche abbauen, meldet sich das schlechte Gewissen und damit auch der innere Kritiker weniger häufig. Versuchen Sie nicht, Ihren inneren Kritiker gänzlich mundtot zu machen. Denn schließlich gibt er Ihnen auch Impulse für positive Veränderungen. Er kann Ihnen helfen, sich weiterzuentwickeln, und er kann Sie vor manchem Fehler bewahren. Kritik, egal ob innere Kritik oder Kritik von anderen, ist zunächst einmal nur eine Sichtweise, mehr nicht. Niemand zwingt Sie, ihr in Denken und Handeln automatisch zu folgen. Um sich gut zu fühlen, müssen Sie weder alles können noch immer und überall perfekte Ergebnisse vorweisen.

Stellen Sie dem inneren Kritiker stattdessen einen inneren Mentor an die Seite, der eher ein Auge darauf hat, was Sie leisten, und nicht auf das, was Sie nicht schaffen. (Siehe dazu nächstes Kapitel »Wertschätzung für sich selbst«.)

Impuls 4:
Wertschätzung für sich selbst

Wenn Sie den Dingen, die Ihnen in Ihrem Leben Kraft und Freude geben, wieder mehr Raum geben wollen, braucht es Zeit – und vielleicht auch eine innere Erlaubnis dazu. Allzu rasch meldet sich das wohlbekannte schlechte Gewissen. »Aber ich kann doch nicht die Bügelwäsche liegen lassen, nur weil ich es schön fände, endlich wieder einmal mit einer Freundin bummeln zu gehen.« »Aber ich kann doch nicht jetzt schon ins Bett gehen, wo noch die Küche aufgeräumt und der Herd geputzt werden muss.«

»Aber ich kann doch nicht …« Schon sind die Ansprüche an sich selbst und der innere Kritiker wieder auf dem Plan.

Doch. Sie können. Was ist denn wichtiger: Ihr Wohlbefinden oder die Bügelwäsche? Ihre Gesundheit oder die aufgeräumte Küche? Schnell sind wir mit der Befürchtung bei der Hand, es könnte auf Kosten anderer gehen, wenn wir unseren Wünschen und Bedürfnissen nachgehen. Das ist aber eine kurzsichtige Betrachtungsweise. Denn wenn Sie ständig über Ihre Grenzen hinweg arbeiten – wie sollen diese Aufgaben dann gemanagt werden, wenn Sie selbst wegen der Folgen einer chronischen Erschöpfung ins Krankenhaus eingeliefert werden und Wochen dort zubringen? Wie soll der Laden weiterlaufen, wenn Sie komplett außer Gefecht gesetzt sind?

Selbstsorge ist kein Egoismus!

Gut für sich zu sorgen ist aus der Langzeitperspektive heraus betrachtet also tatsächlich die Vorbedingung dafür, auch gut für andere sorgen und den großen und kleinen Aufgaben des Alltags gerecht werden zu können. Die

Grundlage dafür ist Wertschätzung für sich selbst. Doch was bedeutet dies? In erster Linie bedeutet es, uns über unsere ganz persönlichen Bedürfnisse im Klaren zu sein und uns darum zu kümmern, sie zu erfüllen, und auch, den Wert dessen, was wir Tag für Tag tun, bewusst anzuerkennen, statt immerfort auf irgendwelche Defizite zu schauen.

Es gibt unterschiedlichste Bedürfnisse: natürliche physiologische Grundbedürfnisse wie etwa Essen, Trinken, Schlafen, Sex, Entspannen und Bewegen. Sie sind unsere »Basics«: überlebenswichtig und Quellen für Energie und Schaffenskraft.

Darüber hinaus gibt es auch psychische Bedürfnisse, die erfüllt sein müssen, damit wir uns wohl fühlen und uns zufrieden fühlen: etwa Nähe zu anderen, Zärtlichkeit, Wertschätzung, Kreativität, Neugier und Wissensdurst usw. Für jeden Menschen kann das, was ihn glücklich macht, anders aussehen.

Dazu gehören auch die kleinen Wohlbefindensinseln im Tagesablauf. Während dies für die eine die heiße Dusche oder ein duftendes Kräuterbad sein kann, ist es für die andere ein spannendes Buch oder inspirierende Musik. Manche blühen auf, wenn sie viel Austausch mit anderen haben, für andere steht die Zeit für sich selbst viel höher im Kurs. Wie wichtig uns etwa Bindung, Unabhängigkeit, Sicherheit, Harmonie, Anerkennung oder Selbstentfaltung sind, ist ganz individuell unterschiedlich ausgeprägt. Wertschätzung für sich selbst beinhaltet, sich selbst mit diesen individuellen eigenen Bedürfnissen zu akzeptieren und zu respektieren.

Wertschätzung für sich selbst bedeutet:

- die eigenen Bedürfnisse und Wünsche so ernst nehmen wie die von anderen Familienmitgliedern, ebenso ernst wie die Ihrer Kollegen oder Ihres Chefs; Kompromisse aushandeln statt sich automatisch zurückzunehmen;

- sich von der Vorstellung zu verabschieden, am Abend »immer alles« perfekt abgearbeitet zu haben, um mit sich zufrieden sein zu können – sondern sich viel eher dafür zu loben, wenn Sie am Tag schöne Momente für sich selbst geschaffen haben;
- realistisches Planen – sich also nicht zu viele Dinge auf einmal vorzunehmen, sondern Zeitpuffer und Pausen zu berücksichtigen, weil die eigene Erholung ernst genommen wird;
- selbst zu entscheiden, was für Sie Priorität hat;
- wieder zurück zum eigenen Tempo und zu angemessenen Maßstäben kommen;
- sich Zeit für Sie selbst und für eigene Hobbys und eigene Freunde zu nehmen.

Es geht also in erster Linie um einen Perspektivwechsel – wegzukommen von der Ausbeutung der eigenen Kräfte hin zu einer wieder gelingenden Balance zwischen Anspannung und Entspannung. Und dabei genau die Dinge, die Sie im Impuls 1 als jene benannt haben, die Ihnen Erholung, Spaß und Freude bringen, nicht länger als »Luxus« bewerten, sondern als essenziell wichtig für Ihre innere Balance. Sie sind es sich wert, für Ihr Wohlbefinden zu sorgen. Dies sollten Sie sich nicht nur sagen, sondern sich auch immer wieder praktisch und anschaulich zeigen.

Menschen, die daran gewohnt sind, sich selbst unbarmherzig anzutreiben, fällt es häufig schwer, gut zu sich selbst zu sein. Sollte das bei Ihnen auch so sein, dann stellen Sie sich im Geiste vor, einem Menschen, an dem Ihnen viel liegt, etwas Gutes zu tun: Sie zeigen sich begeistert über etwas, was er erreicht hat, Sie zeigen Anteilnahme, wenn es ihm nicht gut geht, Sie muntern ihn auf, wenn er traurig ist, Sie machen ihm ein Kompliment, Sie bringen Ihm öfters ein kleines persönliches Geschenk mit usw. Und genau so sollten Sie mit sich selbst umgehen. Zeigen Sie sich selbst Ihre Wertschätzung, indem Sie sich ausdrücklich Gutes gönnen.

Belohnen Sie sich selbst für Ihre Leistungen. Geben Sie sich selbst die Anerkennung und Wertschätzung, die Sie sich bisher nur von anderen erhofft – und vielleicht nicht bekommen – haben. Sie können sich beispielsweise dafür belohnen, eine lang aufgeschobene Aufgabe erledigt zu haben, einen besonders stressreichen Tag bewältigt oder den Sonntag von Arbeit freigehalten zu haben. Versprechen Sie sich als Belohnung für Ihren Einsatz etwas Schönes, das Ihnen guttut, und – das ist besonders wichtig – halten Sie Ihr Versprechen!

Sollte Ihnen jetzt spontan nichts einfallen, womit Sie sich selbst eine Freude machen könnten, dann blicken Sie noch einmal auf Ihre Liste der Wohltaten aus Impuls 1, die Ihnen neue Energie geben, und ergänzen Sie sie um um situativ angenehme Dinge. Das können Dinge sein, die Sie sich selbst kaufen wollen, aber auch ein Stadtbummel oder Kinobesuch mit der besten Freundin oder physische Annehmlichkeiten, wie eine Thai-Massage oder ein Besuch in der Sauna.

Wichtig ist, dass es Dinge sind, die Ihnen selbst ein Lächeln auf das Gesicht zaubern und ein Gefühl des Wohlbehagens vermitteln, und nicht Dinge, die Sie tun, weil jemand anders das gut findet oder zu denen Sie sich verpflichtet fühlen. Wenn eine Belohnung darin besteht, sich dann, wenn Ihr Kind beim Sportunterricht ist, eine Stunde aufs Bett zu legen und in einem Krimi zu schmökern – warum nicht?

> Übung: Meine Belohnungsliste:
>
> ....
> ....
> ....

Der innere Mentor
Das Bewusstsein der Wertschätzung für sich selbst können Sie auch stärken, indem Sie Ihrem inneren Kritiker einen inneren

Mentor an die Seite stellen. Eine Instanz, deren Aufgabe es ist, sich liebevoll und fürsorglich um Ihr Wohlbefinden zu kümmern, wie eine mütterliche Freundin oder ein väterlicher Freund es tun würde. Er geht konstruktiv und lösungsorientiert vor. Nehmen Sie sich die Sätze noch einmal vor, die normalerweise Ihr innerer Kritiker zu Ihnen sagt (siehe Übung).

Würden Sie so auch mit Ihrer besten Freundin reden? Bestimmt nicht. Wenn Ihre beste Freundin einen Fehler gemacht hat, würden Sie sie bestimmt nicht noch zusätzlich persönlich angreifen und mit Vorwürfen überschütten, oder? Vielmehr würden Sie überlegen, wie Sie sie trösten, sie aufmuntern und ihr den Rücken stärken könnten.

> **Übung: Der innere Mentor**
>
> Formulieren Sie nun einmal die Sätze Ihres inneren Kritikers so um, dass sie Ermutigung statt Entmutigung ausdrücken. Und schon haben Sie Ihrem inneren Mentor eine Stimme gegeben.
>
> Der innere Kritiker sagt:
>
> ....
>
> ....
>
> ....
>
> Der innere Mentor sagt:
>
> ....
>
> ....
>
> ....

Kurz gesagt: Der innere Kritiker signalisiert immer: Du bist nicht okay. Der innere Mentor versichert Ihnen, dass Sie okay sind. Er hat ein Auge auf Ihr Wohlbefinden und zeigt

Ihnen auf, wie Sie aus gemachten Fehlern lernen können. Es ist eine liebevolle, fürsorgliche Haltung.

Wenn Sie sich beispielsweise aus Kritikersicht heraus gewöhnlich etwas sagen wie »Wie konnte ich nur so blöd sein!«, dann ergänzen Sie aus Mentorensicht beispielsweise »… und daraus lerne ich jetzt für die Zukunft wichtige Dinge, nämlich, dass: …«. Oder sagen Sie sich, wenn Sie mit der Erledigung einer Aufgabe nicht völlig zufrieden waren: »Diesen Teil habe ich nicht so gut gemacht, doch den anderen Teil habe ich ganz prima hingekriegt.« Wenn Sie wertschätzender und freundlicher mit sich selbst umgehen und mehr auf Ihre Stärken als Ihre Schwächen blicken, fühlen Sie sich wohler in Ihrer Haut und stärken auch Ihre Selbstakzeptanz.

Clara hat aufgehört, Kritik an sich selbst mit generellen persönlichen Abwertungen zu verknüpfen. »Ich habe früher oft so Sachen zu mir gesagt wie »Du dumme Kuh, das war mal wieder typisch für dich«, »Wie blöd kann man denn sein!« oder »Das lernst du doch nie«. Als mir klar wurde, dass das alles Sätze waren, die ich als Kind oft von meinem Vater gehört habe, habe ich beschlossen, als Erstes die Beschimpfungen zu tilgen. Heute formuliert mein innerer Kritiker seine Anmerkungen ganz schlicht: »Das funktioniert nicht.« Oder: »Dieser Weg war falsch.« Und mein innerer Mentor fügt hinzu: »Überleg' dir, wie's nächstes Mal besser gehen könnte. Was brauchst du dazu? Was könnte dir dabei helfen?« Mein innerer Umgangston hat sich dadurch stark verändert. Ich richte meine Aufmerksamkeit viel stärker auf Lösungen als früher und halte mich nicht mehr lange mit Selbstvorwürfen auf.«

Bei Birgit war es das ewige »Du hättest müssen«, das ihr zu schaffen machte. Ihr innerer Kritiker sagte häufig Dinge wie »Du hättest das wissen müssen«, »Das hättest du schaffen müssen.« usw. Die Folge war, dass sie sich ebenso häufig unzulänglich und hilflos fühlte. Ihr Weg mit dem inneren Mentor war, genauer hinzuschauen und auch die Teilerfolge zu würdigen, die im scheinbaren Versagen enthalten waren.

Wenn es ihr beispielsweise nicht gelungen war, alle Punkte auf ihrer Tages-Agenda abzuarbeiten, würdigt sie heute in erster Linie das, was sie alles geschafft hat. Ihr innerer Mentor hat die Aufgabe, langfristig Birgits »Ideales Selbst«, das sie durch überhöhte Ansprüche in unerreichbare Höhen geschraubt hatte, wieder auf ein menschliches Maß zu bringen.

Die Art und Weise, wie wir mit uns selbst reden und wie wir unser eigenes Handeln bewerten, ist eine Sache der Gewohnheit. Dadurch, dass viele der Begleitkommentare unseres »inneren Kritikers« über Jahrzehnte hinweg ganz automatisch erfolgt sind, nehmen wir oft an, wir könnten nichts tun, um unseren Stil des Umgangs mit uns anders zu gestalten. Doch Gewohnheiten lassen sich ändern.

Kann sein, dass sich Ihr innerer Mentor, der ja nun neu die Szene betritt, Ihnen »falsch« oder schwach vorkommt und Sie sich sagen, dass dies nicht funktioniert. Üben Sie trotzdem weiter, eine freundliche, unterstützende innere Stimme zu etablieren, die den Kritiker mit einer anderen Sichtweise ein Stück weit entmachtet.

Eine neue Gewohnheit hat es erst einmal schwer, sich gegenüber einer alten durchzusetzen, das ist ganz normal. Alle Dinge, die wir »ganz automatisch« denken und tun, wurden durch stetige Wiederholung gebahnt. Wer als Kind nur einmal so etwas gehört hat wie »Du bist eine Null« und ansonsten eher ermutigende und bestärkende Botschaften erhielt, wird diese negative Zuschreibung wohl kaum zum Bestandteil seines Selbstbildes machen. Wer diesen Satz jedoch oft gehört hat, der schon.

Blickwechsel will geübt sein

Wenn wir also einen dauerhaften Blickwechsel vornehmen wollen, genügt es nicht, nur einmal ein paar Tage lang zu versuchen, sich selbst wohlwollender zu betrachten. Da werden sich die alten Botschaften schnell wieder durchsetzen.

Vielmehr sollte der innere Mentor zu unserer inneren Dauerinstanz werden und Selbstwertschätzung zu einer automatischen Handlung. Es gibt jeden Tag viele Gelegenheiten zum Üben, die wir uns übrigens auch selbst schaffen können.

Übung: Blickwechsel will geübt sein

- Nehmen Sie sich jeden Tag einige kleine, gut umsetzbare Handlungen vor, die Ihnen das Gefühl geben, gut für sich selbst zu sorgen – beispielsweise, sich nach Beendigung einer Arbeit nicht gleich in die nächste zu stürzen, sondern eine kleine Pause einzulegen oder für sich selbst eine schöne Blume auf den Schreibtisch zu stellen oder, während das Baby schläft, in einem Buch zu schmökern, oder, oder ... Schreiben Sie sich diese kleinen Lichtblicke als konkrete Vorhaben auf.
- Dann setzen Sie diese kleinen Zeichen der Wertschätzung in die Tat um. Achten Sie darauf, sie nicht zu verschieben oder, falls der Tag hektisch wird, als »unwichtig« beiseitezudrängen.
- Nach jedem umgesetzten kleinen Vorhaben loben Sie sich, sagen Sie zu sich selbst etwas wie »Super!« oder »Gut gemacht!« und klopfen Sie sich auch selbst auf die Schulter.

Wählen Sie bewusst kleine Dinge. Für die Einübung einer veränderten inneren Haltung ist weniger wichtig, wie »groß« das Vorhaben ist, vielmehr kommt es darauf an, Stetigkeit zu entwickeln. Etwas wieder und wieder zu tun, bis es zur Gewohnheit geworden ist.

Wenn sich der innere Kritiker dazwischendrängt und moniert, dass das doch alles Kleinkram sei, dann fragen Sie den inneren Mentor. Er wird Sie darin bestärken, dass kleine Schritte große Wirkung entfalten können – oder, wie es ein chinesisches Sprichwort sagt: »Derjenige, der den Berg versetzt hat, war der Gleiche, der anfing, kleine Steine wegzutragen.«

Sich kleine eigene Ziele setzen

Überlegen Sie sich morgens, vielleicht während der Kaffee durchläuft oder Sie sich die Haare fönen: »Was will ich heute ganz konkret für mich tun, sodass ich stolz auf mich und zufrieden mit mir sein kann?« Und notieren Sie sich dann zwei, drei Dinge, die Sie heute umsetzen wollen. Und tun Sie es. Immer wieder, Tag für Tag.

Kleine Lichtblicke für uns selbst, Zeichen des Wohlwollens und der Selbst-Wertschätzung. Das gibt uns dauerhaft ein Gefühl von Stimmigkeit mit uns selbst und unseren Wünschen und Bedürfnissen. Am besten mit kleinen Vorhaben beginnen und dies langsam etwas steigern. Stets aber sollten es Dinge sein, die Ihnen persönlich wichtig und realistisch zu erreichen sind – also keinen perfektionistisch geprägten Idealen folgen.

Achtung: Auch hier geht es nicht um Dinge, die Sie erledigen »sollen« oder »müssen«, sondern um Dinge, die Ihnen selbst etwas bringen und mit denen Sie sich persönlich Wertschätzung zeigen.

Lächeln Sie Ihrem Spiegelbild zu

Wertschätzung zeigt sich auch in der Art und Weise, wie wir unser Aussehen begutachten. Hier spielen natürlich auch wieder die Vorstellungen gängiger Idealbilder eine Rolle, so wie wir sie Tag für Tag durch Zeitschriften und Fernsehen übermittelt bekommen. Es ist oft schwer, sich von solchen Normen freizumachen und sich nicht automatisch daran zu messen.

Wenn wir versuchen, diese Normen aus unserem Kopf zu verbannen, ist das meist ein Kampf gegen Windmühlen: Zu tief sind sie eingeprägt, zu lange schon wirksam, als dass wir sie durch einen bloßen Willensakt einfach außer Kraft setzen könnten. Zudem würden wir dann auch nur einen überhöhten Anspruch durch den nächsten ersetzen: Unrealistischen Idealbildern blind zu folgen ist genau so unsinnig wie der Versuch, sie schlagartig mit Stumpf und Stiel auszurotten zu wollen.

Sinnvoller im Sinne der Selbst-Wertschätzung ist es, die Ansprüche an das eigene Erscheinungsbild zu identifizieren und uns dann mit dem, was wir als »Defizit« erleben, zu versöhnen.

Was ist normalerweise Ihr erster Impuls, wenn Sie in einen Spiegel schauen? Freude? Kritik? Wohlwollen? Ablehnung? Denken Sie als Erstes etwas wie »Meine Güte, was sehe ich fertig aus« oder »Ich habe doch nicht etwa schon wieder zugenommen?«? Fühlen Sie sofort den Impuls, etwas an Ihrem Aussehen zu korrigieren?

> **Übung: Lächeln Sie Ihrem Spiegelbild zu**
>
> Werfen Sie einen Blick in den Spiegel und notieren Sie ganz spontan, was Ihre ersten Gedanken sind:
>
> ....
>
> ....
>
> Wenn Sie sich völlig okay so finden, wie Sie sind – wunderbar. Wenn als erster Impuls sich der innere Kritiker zeigt und Sie sich unzulänglich fühlen und alles Mögliche an sich auszusetzen haben, dann sagen Sie sich etwas wie »Ja, das mag ja alles sein, aber trotzdem liebe und schätze ich mich«.
>
> Lächeln Sie Ihr Spiegelbild an und nicken Sie sich

zu. Lassen Sie auch hier den inneren Mentor sprechen. Ein »Ich seh' so fertig aus« zieht dann nicht mehr automatisch nach sich »Ich sollte fit und frisch aussehen«, sondern ein: »Ja, ich bin müde. Was kann ich jetzt für mich selbst tun, damit es mir besser geht?«

Ihr Spiegelbild zeigt Ihnen, dass es Sie gibt. Und Sie können sich selbst dankbar anlächeln und etwas denken wie: »Hallo, schön, dass du da bist, du bist eine tolle Frau.«

Mag sein, dass Ihnen das anfangs befremdlich vorkommt, vor allem, wenn Sie gewohnt waren, sich selbst durch die strenge, kritische Brille zu betrachten. Wenn Sie es jedoch einige Male in verschiedenen Situationen wiederholt haben, fühlt es sich schon »normaler« an. Mit dem »Trotzdem« signalisieren wir uns selbst, dass wir auch unsere echten oder auch nur vorgestellten Schwächen akzeptieren und unseren Selbstwert nicht länger daran festmachen, immer und überall perfekt auszusehen.

Der Satz »… mag ja alles sein, aber trotzdem liebe und schätze ich mich« lässt sich natürlich auch auf viele andere Situationen übertragen: Wenn wir einen Fehler gemacht haben, wenn wir ein Vorhaben nicht umgesetzt haben usw.

Wenn wir uns diese Form der Selbstwertschätzung zur Gewohnheit machen, gewinnen wir nicht nur ein liebevolleres Verhältnis zu uns selbst, sondern werden auch unabhängiger von der Zustimmung anderer. Wir müssen nicht mehr darauf warten, dass andere endlich unseren Wert entdecken, sondern wir wissen, dass wir gut sind, so wie wir sind.

Positive Resümees ziehen

So, wie es uns gut tut, uns selbst immer wieder Wertschätzung zu zeigen, so tut es uns auch gut, in Bezug auf das, was wir alltäglich leisten, ausdrücklich das zu würdigen, was wir geschafft haben – statt uns vorzuhalten, was liegen geblieben oder weniger gut gelungen ist.

> Übung: Positive Resümees ziehen mit dem Erfolgsjournal
>
> Führen Sie sich am Ende jedes Tages kurz vor Augen, was Sie alles gemeistert haben: Was war gut? Welche Probleme haben Sie gelöst? Welche großen und kleinen Aufgaben erledigt? Welche kniffligen Situationen bewältigt?
> Richten Sie Ihren Blick ausdrücklich auf das Positive und loben Sie sich selbst für Ihre Tagesleistung. Auch kleine Erfolge zählen. Die Summe all dieser großen und kleinen Leistungen entspannt und stimmt zufrieden. Anstatt darüber nachzugrübeln, was versäumt und vergessen wurde oder was nicht so ausgefallen ist, wie wir uns das vorgestellt hatten, machen wir uns so jeden Tag unsere Erfolge bewusst. Die Wirksamkeit dieses Blickwechsels, weg von dem, was fehlt, hin zu dem, was gelungen ist, können wir noch unterstützen, indem wir Tag für Tag, jeweils mit Datum, die drei Dinge aufschreiben, die uns das Gefühl der Zufriedenheit mit uns selbst am stärksten vermitteln.

Dieses Erfolgsjournal hilft uns dabei, das Bewusstsein für die eigene Leistungskraft zu stärken. Es unterstützt uns auch bei Anflügen von Mutlosigkeit und Selbstzweifeln. Wenn wir dann in diesem Journal blättern und schwarz auf weiß sehen, was wir schon alles bewirkt haben, genügt dies dann oftmals, unsere Stimmung wieder zu heben. Tag um Tag stellen wir so unsere innere Ausrichtung mehr auf die gelungenen, befriedigenden Aspekte unseres Lebens ein.

Ebenso wie die Übungen zur Wertschätzung unserer Person haben auch das positive Tagesresümee und das Erfolgsjournal eine bestärkende Wirkung auf unsere Selbstwahrnehmung. Nach einigen Wochen konsequenter Übung hebt sich so auch unsere Lebensgrundstimmung an und wir fühlen uns mehr und mehr souverän und selbstbewusst.

Selbstwahrnehmung stärken

Im Alltag ist unsere Aufmerksamkeit meistens auf das gerichtet, was sich in unserer Umgebung abspielt: auf unseren Job, auf die Bedürfnisse der Kinder und die unseres Partners, auf die Wohnung, die Erledigung aller möglichen Besorgungen, die Medien usw. Doch wir brauchen immer wieder auch Zeiten des Rückzugs, Zeit dafür, innezuhalten und Anspannung loszulassen. Nicht nur an Wochenenden und im Urlaub, sondern jeden Tag. Auch dieses Innehalten und in sich Hineinspüren ist eine Form der Wertschätzung für sich selbst.

Eine gute Möglichkeit, solche kleinen Momente des Innehaltens in den Alltag einzubauen, ist der Mini-Bodyscan. Diese Übung braucht jeweils nur etwa fünf Minuten Zeit und lässt sich so in jeden Alltag integrieren. Und so geht's:

> **Übung: Mini-Bodyscan**
>
> Setzen Sie sich auf einen Stuhl mit gerader Lehne oder, sofern dies möglich ist, legen Sie sich auf den Teppich.
>
> Schließen Sie die Augen und lassen Sie den Atem in sich hinein- und hinausströmen.
>
> Dann lassen Sie einfach Ihre Aufmerksamkeit durch Ihren Körper wandern, von den Füßen bis hoch zum

> Scheitel: Ihre Füße ... die Knöchel ... die Unterschenkel ... die Oberschenkel ... der Po ... der Bauchraum ... die Hände ... die Unterarme ... die Oberarme ... der Brustraum ... der Rücken ... der Nacken ... der Hals ... der Kopf ... das Gesicht ...
> Nehmen Sie wahr, wie sich die jeweiligen Körperpartien anfühlen. Warm, kalt, locker, angespannt ... Wo fällt es Ihnen leicht, hineinzuspüren, wo weniger leicht? Werten Sie nicht. Nehmen Sie einfach wahr, wie es gerade ist.
> Wenn Sie am Scheitelpunkt angekommen sind, rekeln Sie sich, gähnen Sie und geben Sie den spontanen Bewegungsimpulsen Ihres Körpers nach. Vielleicht mag er sich dehnen, vielleicht zusammenrollen und wieder ausdehnen. Beenden Sie die Übung mit einem »Schön, dass es dich gibt«. (Bodyscan: nach Prof. Jon Kabat-Zinn)

Schon nach kurzer Zeit regelmäßigen Trainings wird es Ihnen leichter fallen, für fünf Minuten »abzuschalten«, Abstand zu finden und ganz für sich selbst und Ihre Empfindungen da zu sein.

Warum »Mini«-Bodyscan? Diese Methode gibt es auch in Langform, die dann 30 bis 40 Minuten dauert. Doch welche viel beschäftigte Mutter kann mitten am Tag mal eine halbe Stunde oder mehr einfach so einbauen? Fünf Minuten gehen immer! Das Geheimnis der Wirksamkeit liegt weniger darin, viel am Stück zu üben, sondern stetig zu üben, Tag für Tag, sodass das Prinzip des Ganz-für sich-selbst-da-Seins« im Bewusstsein verankert wird. Bodyscan-Übungen helfen nicht nur in Phasen großer Anspannung, sondern stärken auch allgemein die Fähigkeit, loszulassen und zu innerer Ruhe und Gelassenheit zu finden. Regelmäßige Achtsamkeits-Pausen helfen dabei, neue Kraft zu tanken und wieder in Kontakt mit sich selbst zu sein, statt nur den täglichen Verpflichtungen hinterherzulaufen.

Impuls 5:
Grenzen setzen

Natürlich wissen wir: Wenn wir allzeit bereit sind, uns immer wieder Neues aufbürden zu lassen, und wenn wir uns für alles verantwortlich fühlen, wächst uns die Arbeit irgendwann ganz zwangsläufig über den Kopf. Dennoch tun wir uns oft schwer damit, eine stimmige Balance zwischen Zuwendung und Eigennutz zu finden. Besonders Frauen siedeln das Bedürfnis nach Anerkennung und Sympathie allzu oft höher an als die Durchsetzung eigener Ansprüche. Doch wer stets bereit ist, für andere in die Bresche zu springen, wird oft auch ausgenutzt. Wenn wir hingegen zu uns selbst stehen und unsere Wünsche und Bedürfnisse ebenso ernst nehmen wie die der anderen, können wir entspannter mit anderen – unseren Kollegen, unserem Partner, den Kindern – umgehen. Wir haben dann nicht ständig den Eindruck, »draufzuzahlen«, sondern fühlen uns auf einer Augenhöhe mit unserem Gegenüber.

Schach dem vorauseilenden Gehorsam

Häufig registrieren wir gar nicht bewusst, wann wir vorauseilend gehorsam sind, obwohl uns ein Ansinnen eigentlich nicht in den Kram passt. Wir sagen ja und merken erst dann, dass es besser gewesen wäre, abzulehnen. Aber da steht das Ja schon im Raum und nun können wir schlecht ohne Gesichtsverlust zurückrudern. Also fügen wir uns, vielleicht seufzend und widerwillig, aber eben doch gehorsam. Den aufkommenden Ärger versuchen wir, wegzurationalisieren: *»Es lohnt doch nicht, wegen dieser Sache einen Streit zu provozieren.« »Wenn ich das selber mache, geht es sowieso* *schneller.« »So wichtig ist mir das im Grunde nicht.« »Es macht mir nichts aus.«* usw.

Doch letztlich zahlen wir drauf: Mit unserer Zeit und unserer Energie. Das Nicht-nein-sagen-Können und das »Verschlucken« eigener Wünsche und Vorstellungen fordern uns einen hohen Preis ab: unterschwellige Unzufriedenheit, unterdrückten Zorn, Erschöpfung. Also tun wir gut daran, die Balance zwischen Zuwendung und Eigennutz stimmig auszutarieren.

Dazu gehört es, bewusst mit Grenzen umzugehen, das heißt, wahrzunehmen,

- wann und wodurch wir an unseren Grenzen angekommen sind,
- wann es tatsächlich sinnvoll oder notwendig ist, diese (bewusst!) auch einmal zu überschreiten,
- und wann wir dies im Sinne einer guten Selbstsorge lieber nicht tun wollen.

Sich dies in verschiedenen Situationen zu fragen, unterbricht den »Ja«-Automatismus. Mag sein, dass wir uns trotzdem weiterhin schwer damit tun, Ansinnen anderer abzulehnen – doch als Erfolg sollten wir für uns schon mal verbuchen, dass unser eigenes Wohlbefinden in unserer persönlichen Wahrnehmung mehr und mehr zu einer festen Größe wird, die wir einbeziehen.

Was macht ein Nein so schwer?

Grenzen zu setzen fällt deswegen oft schwer, weil wir andere nicht enttäuschen wollen oder weil wir negative Reaktionen befürchten. Der Partner könnte sauer sein, das Kind könnte vor der Supermarktkasse frustriert herumkreischen, die Freundin könnte beleidigt sein usw.

Solche Ängste und Befürchtungen resultieren häufig aus viel früher gemachten Erfahrungen und haben oft wenig mit der aktuellen Situation zu tun. Sich dies zu vergegenwärtigen kann dabei helfen, den Schritt vom Ja zum Nein zu wagen.

Selbst-Check:
Was macht ein Nein so schwer?

An welche Situationen erinnere ich mich, wo ein »Nein« von mir negative Konsequenzen hatte? Schreiben Sie alles nieder, woran Sie sich erinnern, auch lange zurückliegende Situationen. Was genau waren die Konsequenzen?

....

Betrachten Sie Ihre Notizen. Wie alt waren Sie jeweils in den beschriebenen Situationen? Schreiben Sie Ihr damaliges Lebensalter dahinter. Dann überlegen Sie: Welche Schlüsse haben Sie daraus gezogen? Wie haben Sie vielleicht dann Ihr Verhalten verändert, um die negativen Konsequenzen zu vermeiden?

....

Welche dieser damaligen Verhaltensänderungen sind Ihrer Einschätzung nach auch heute noch wirksam, obwohl sich Zeit, Ort und beteiligte Personen geändert haben?

....

Sich bewusst zu werden, woher bestimmte Strategien kommen, die uns heute dazu bringen, im vorauseilenden Gehorsam immer wieder gegen unsere eigenen Interessen zu handeln, macht uns zwar nicht immun dagegen, es wieder zu tun. Dennoch ist diese Erkenntnis wichtig, denn sie zeigt, dass wir nicht einfach »so sind«, sondern dass wir bestimmte Verhaltensweisen erlernt haben, die wahrscheinlich damals das Beste waren, was wir haben tun können. Und dass wir neue Verhaltensweisen lernen können, die heute für uns gut sind.

Wahrscheinlich haben Sie trotz dieser Vorprägung auch Erfahrungen damit, sich erfolgreich abgegrenzt zu haben. Denken Sie nach: Welche Situationen waren das? Schreiben Sie wieder alles nieder, was Ihnen einfällt:

....

Überlegen Sie dann: Wie habe ich mich jeweils dabei gefühlt? Wo fiel es mir leicht und wo fiel es mir schwer? Wo traten Schuldgefühle auf und ich blieb trotzdem beim Nein? Wo gab es gar keine Schuldgefühle, und was, vermute ich, hat den Ausschlag dafür gegeben, dass ich ohne Schuldgefühle Nein sagen konnte? Was genau hat mir geholfen, Nein zu sagen?

....

Reflexionen wie diese zeigen, dass wir durchaus in der Lage sind, unsere Interessen zu vertreten, und dass sich nur in bestimmten Situationen alte Prägungen vor unsere Fähigkeit schieben, Grenzen zu setzen. Eine Fähigkeit, die wir bereits haben, lässt sich trainieren.

Die eigenen Grenzen kennen und respektieren – und mitteilen

Die Übungen zur Selbstwertschätzung (Impuls 4) legen zum einen das Fundament, spürsamer dafür zu werden, wer wir sind, was wir leisten, was wir wollen und auch dafür, was wir nicht wollen. Zum anderen tun wir uns mit wachsender Selbst-Wertschätzung auch leichter damit, Ansinnen anderer abzulehnen, ohne dass sich das schlechte Gewissen meldet. Die Fähigkeit, Grenzen zu setzen, zeigt sich in diesen beiden Aspekten:

- die eigenen Grenzen kennen und respektieren
- anderen Grenzen setzen können

Beide Aspekte stehen unmittelbar miteinander im Zusammenhang: Wenn wir anderen Grenzen setzen wollen, müssen wir zu unseren eigenen Grenzen stehen und dabei die Bilder beiseitelassen, wie wir sein »sollten«.

Wenn Sie zu Ihren Gefühlen stehen, zeigen Sie nicht nur sich selbst Wertschätzung, sondern Sie kommen auch authentischer bei anderen an. Das bedeutet nicht, schlechte Laune an Ihren Kollegen, Ihrem Partner oder Ihren Kindern auszulassen. Übertriebenes Harmoniebedürfnis ist der eine und unbeherrschtes Ausagieren der andere Extrempunkt im Verhalten. Beides führt nicht zu guten Lösungen im Zusammenleben mit anderen. Vielmehr geht es darum, die eigene Stimmungslage nicht krampfhaft zu verbergen, sondern klar dazu zu stehen, wie Sie sich gerade fühlen. *»Ich bin jetzt sehr müde«*, *»Ich brauche jetzt erst einmal etwas Abstand«*, *»Ich habe mich geärgert und bin immer noch aufgewühlt«* usw.

Eine gute Mutter denkt an alle – und eben auch an sich selbst. Auch eine Mutter darf sich einmal schlechte Laune, Ungeduld oder Zorn leisten. Unsere Bedürfnisse, Wünsche und Gefühle zugunsten überzogener Ansprüche an sich selbst und das eigene Verhalten zu übergehen oder zu verleugnen schafft keine echte Befriedung von Konflikten, sondern schürt Unsicherheit.

Gerade Kinder sind sehr sensibel, wenn es darum geht, unterschwellige Stimmungen wahrzunehmen. Wenn Sie so tun wollen, als wäre nichts, obwohl Sie innerlich kochen, dann ist das Kind verunsichert und weiß nicht, wem es glauben soll: seiner eigenen Wahrnehmung oder der Behauptung: *»Nein, es ist gar nichts, alles in Ordnung.«*

Besser etwas sagen wie: *»Ja, ich habe schlechte Laune, Schatz. Mir geht etwas durch den Kopf, was heute auf der*

Arbeit passiert ist. Es hat nichts mit dir zu tun. Geht auch wieder vorbei.« So lernt das Kind, dass es normal ist, auch mal mies gelaunt zu sein, und erfährt auch, dass es selbst sich nicht automatisch dafür verantwortlich fühlen muss.

Wenn wir »schlecht drauf« sind, beispielsweise Angst haben, uns zornig, gestresst oder deprimiert fühlen, sollten wir uns dies zugestehen. Immer sonnig gelaunt sein zu wollen gehört ins Reich der überhöhten Ansprüche an uns selbst (siehe Impuls 1) und zieht unweigerlich Schuldgefühle nach sich, wenn es uns nicht gelingt, diesem Bild zu entsprechen. Gestehen wir uns zu, dass unsere Gemütslage so ist, wie sie eben gerade ist, kann es gut sein, dass sie sich rasch wieder verändert. Gefühle wollen »gesehen« werden. Versuchen wir, sie zu ignorieren und uns einzureden, »es ist nichts«, entwickeln sie eine gewisse Beharrlichkeit und tauchen immer wieder auf.

Oft ist es nicht leicht zu erkennen, dass eine nagende innere Unzufriedenheit ihre Ursache darin hat, dass die eigenen Bedürfnisse allzu oft zu kurz kommen. Ein Indiz dafür kann aufwallender Zorn sein.

Akzeptieren Sie auch Zorn und Ärger als Gefühle, die jeder Mensch hat und haben darf. Das fällt Frauen meist schwerer als Männern. Zum Problem werden Ärger und Zorn nur, wenn sie krampfhaft unterdrückt werden oder zu unbedachten Taten führen. Das Wahrnehmen aggressiver Gedanken und Gefühle in Ihnen allein macht Sie weder zu einem aggressiven Menschen noch ist dies ein Anlass, sich schuldig oder »schlecht« fühlen zu müssen. Vielmehr sind sie ein Indiz dafür, dass Sie sich in Ihren Grenzen verletzt fühlen, dass Erwartungen enttäuscht oder Vorhaben und Pläne durchkreuzt wurden. Sich darüber zu ärgern und zornig zu sein ist völlig normal.

Drücken Sie Ihren Ärger aus, auch wenn Ihnen das vielleicht nicht leichtfällt, weil Ihnen innerlich mal wieder die Antreiber »Tu so, als wär' nichts« oder »Mach's allen recht« in die Quere kommen. Schließlich können Ihr Mann, Ihr

Kind oder Ihre Kollegin nicht automatisch wissen, dass Ihnen jetzt etwas nicht passt. Beschreiben Sie einfach, was Sie wahrnehmen und wie es Ihnen damit geht, und verzichten Sie darauf, den anderen »anzuklagen«. Wer angeklagt wird, ist anschließend damit beschäftigt, seine Verteidigung zu organisieren, und wird nicht mehr auf die Idee kommen, gemeinsam mit Ihnen Lösungen zu suchen. Denn darum geht es ja eigentlich: sich nicht gegenseitig mit Vorwürfen zu überhäufen, sondern Wege zu finden, das Zusammenleben für alle gut und sicher zu gestalten.

Wenn wir es uns zugestehen, unsere Wünsche und Vorstellungen, unsere Befürchtungen, aber auch Ärger und Enttäuschung angemessen zu äußern, fühlen wir uns anschließend erleichtert. Wir sagen Ja zu uns selbst und dem, was wir empfinden. Unsere Gefühle sind Teil unserer inneren Welt, es darf alles sein.

Der Mut zum Nein

Offensichtlich sind wir schon in unseren Genen als soziale Wesen programmiert. Wenn wir uns für andere einsetzen und etwas für sie tun, stimuliert unser Gehirn die gleichen Belohnungszentren, die auch dann aktiviert werden, wenn wir etwas geschenkt bekommen. Dies sorgt dafür, dass wir rücksichtsvoll und emotional intelligent miteinander umgehen. Doch zu viel des Guten fügt uns Schaden zu. Ständig am Rand der Selbstaufgabe entlangzubalancieren, um anderen Gutes zu tun, beglückt nicht, sondern lässt uns missmutig und verdrossen werden. Niemand kommt gerne ständig zu kurz.

Nein sagen zu anderen, indem wir Ansprüche und Erwartungen anderer zurückweisen, bedeutet oft ein Ja zu uns selbst. Es bedeutet, unseren Wünschen und Bedürfnissen und dem, was wir selbst für wichtig halten, in diesem Moment Priorität einzuräumen, beispielsweise ungestört eine

Aufgabe zu Ende führen, eine Pause einzulegen, sich einen Feierabend ohne Hausarbeit zu gönnen, Zeit mit Freunden zu verbringen ..., was auch immer gerade wichtig für uns ist.

Das automatische Ja zu den Ansinnen anderer hingegen bewirkt, dass wir das Gefühl für uns selbst verlieren und dass wir infolge all der »verschluckten« Gefühle, Wünsche und Bedürfnisse in eine ungute Spirale geraten und zusehends wie auf einem Pulverfass sitzen.

> Check: Die Ja-Sager-Explosivspirale
>
> 1. Wir sagen häufig Ja, wo wir Nein meinen, und sagen damit Nein zu uns selbst und unseren Bedürfnissen.
> 2. Irgendwann nehmen wir es unserem Gegenüber übel, dass immer wir diejenigen sind, die Zugeständnisse machen, eigene Pläne zugunsten seiner Vorhaben aufgeben usw.
> 3. Wir lassen uns nichts anmerken, sondern machen weiter wie bisher und schieben unseren Groll innerlich vor uns her.
> 4. Nachdem wir unsere Gefühle eine Weile unter Verschluss gehalten haben, kommt der Punkt, der dann das Fass zum Überlaufen bringt: Wir explodieren – und nun kommt alles auf den Tisch, was wir schon immer mal sagen wollten.
> 5. Hinterher haben wir Schuldgefühle wegen unserer völlig überzogenen Reaktion.
> 6. Wir »tun Buße« und versuchen, es noch besser zu machen, uns noch besser im Griff zu haben und uns noch besser an die Wünsche und Bedürfnisse anderer anzupassen – bis zum nächsten Knall.

Ganz klar: Wenn wir nicht so viele kleine Groll-Momente zusammenkommen lassen, werden wir seltener diesen inneren Siedepunkt erreichen. Abgesehen davon, dass es auch unserem Blutdruck guttut, wenn wir sagen, was wir denken, statt aus unserem Herzen eine Mördergrube zu machen ... Doch wie kommen wir vom automatischen »Ja« zum besonnenen Abwägen? Denn es geht ja nicht darum, von der chronischen Ja-Sagerin zur chronischen Nein-Sagerin zu werden, sondern zwischen den »Ja«-Impuls einen Moment der Überlegung zu schalten, wo Sie vernünftig abwägen können: Will ich das tun, obwohl ich mich momentan nicht dazu bereit fühle? Oder ist mir das, was ich mir vorgenommen habe, wichtiger? Was sind die Vorteile, was sind die Nachteile?

Statt »Ja« zu sagen, können Sie, je nach Situation, hinterfragen, weshalb das Anliegen an Sie herangetragen wurde (»Wieso fragst du mich?«), oder offen um Bedenkzeit bitten (»Ich überleg's mir«, »Ich denk' drüber nach«, »Heut' ist viel zu tun. Ich schau mal, ob es geht« usw.) Manches erledigt sich dann wie von selbst, in anderen Fällen gilt es, eine Entscheidung zu treffen.

Kleine Verzögerungsmomente helfen, vom Impuls in den Denk-Modus zu kommen. Und wenn Ihnen trotzdem ein unbedachtes Ja entschlüpft ist? Oft lässt sich das noch »nacharbeiten«, indem Sie an den anderen herantreten und etwas sagen wie: »Tut mir leid, dass ich einfach Ja gesagt habe und jetzt einen Rückzieher mache. Ich hatte nicht bedacht, dass ...« Sicher, das ist etwas unangenehm, doch viel unangenehmer ist es, nichts zu sagen und sich klaglos zu fügen.

Wenn Sie zum ersten Mal in der Situation selbst um Bedenkzeit bitten, wenn wieder ein Appell an Ihre Gutwilligkeit oder Ihre Hilfsbereitschaft erfolgt ist, dann klopfen Sie sich im Nachhinein auf die Schulter, egal, wie Sie sich dann entschieden haben: Sie haben den Automatismus des Ja durchbrochen zugunsten des Abwägens.

Eine Möglichkeit, sich trotz Ja zu entlasten, ist der Tauschhandel. Jeder von uns hat innerlich ein Gefühl für Ausgewogenheit. Wenn sich in uns Groll anhäuft, dann meist deswegen, weil wir ein Ungleichgewicht verspüren: zwischen unserem eigenen Einsatz und dem, was andere einbringen: unser Partner, Kollegen, Freunde. Wer ständig

in Vorleistung geht, wird unzufrieden und ärgerlich. Der Tauschhandel funktioniert ganz einfach:
»Ja, könnte ich machen, könntest du dann dafür ...«
»Ja, gut, könnte ich machen, dafür erwarte ich von dir ...«
»Ja, das ginge, wenn du...«

Kleines Nein-Brevier

Viele ungeliebte Aufgaben übernehmen wir eigentlich nur deswegen, weil wir in dem Moment nichts parat haben, wie wir uns aus der Affäre ziehen können – nicht wissen, wie man diplomatisch Nein sagt. Wenn Sie schon in der Situation des Gefragtwerdens wissen, dass Ihnen das Ansinnen eigentlich überhaupt nicht in den Kram passt, dann gibt es eine Reihe von hilfreichen Floskeln, die es erleichtern, abzulehnen. Am einfachsten zu handhaben ist natürlich das begründete Nein – wenn Sie einen guten Grund auf Lager haben, warum es gerade nicht geht.
»Tut mir leid, das passt mir jetzt schlecht, weil ...«
»Das geht nicht, weil...«
»Normalerweise gern, aber ...«
Hat alles den Geruch von Ausreden? Mag sein. Doch überlegen Sie sich die Alternative: Sie bürden sich zu viel auf, ärgern sich über sich selbst und über den, der Ihnen das auf die Schultern lädt. Es kostet Sie Zeit und Energie, gefällig zu sein. Und sie geben dem anderen das Signal, dass er bei Ihnen immer »fündig« wird, wenn es darum geht, dass jemand die Dinge tut, die er selbst nicht tun will. Ob es nun Ihr Partner ist, Ihre Kinder oder eine gute Freundin, die gewohnt ist, dass Sie immer einspringen, wenn Not an der Frau ist. Schärfen Sie Ihren Blick dafür, zu unterscheiden, wer wann Ihre Hilfe wirklich braucht und wer im Grunde nur Unangenehmes auf Sie abladen oder Sie zu seinem Vorteil zu etwas überreden möchte.

Auch wenn wir noch so diplomatisch vorgehen, machen

wir uns mit einem Nein unbeliebt, rufen Enttäuschung beim Gegenüber hervor und müssen in Kauf nehmen, dass er beleidigt reagiert oder uns unsere Ablehnung übel nimmt. Nicht zuletzt deshalb fällt es uns ja oft so schwer, uns abzugrenzen und statt »Ja« zum Anliegen des anderen »Ja« zu uns selbst zu sagen.

Widerstand ist ganz normal

Wenn Mütter damit beginnen, ihre eigenen Bedürfnisse ebenso ernst zu nehmen wie die der Familie, ruft das häufig Widerstand hervor. Für unsere Liebsten war es ja schließlich sehr bequem, dass wir so lange bescheiden zurückgetreten sind. Einen so komfortablen Zustand gibt niemand gerne auf. Wir dürfen nicht erwarten, dass der Partner, die Kinder oder die Kollegen es uns leicht machen werden, wenn wir nicht mehr so ohne Weiteres dafür bereit stehen, uns Aufgaben aufladen zu lassen, die eigentlich die Angelegenheit anderer sind. Rechnen Sie also mit Widerständen und lassen Sie sich davon nicht beirren.

Je häufiger Sie erleben, dass bei einem Nein Ihrerseits die Welt nicht untergeht, sondern nur mit vorübergehendem Eingeschnappt-Sein zu rechnen ist, desto fitter werden Sie darin, Grenzen zu setzen.

»Meinen Kindern Grenzen zu setzen fällt mir besonders schwer«, sagt Birgit, »irgendwie hatte ich so drauf, dass es ihnen an nichts fehlen sollte. Schließlich waren Trennung und Scheidung schlimm genug für sie. Ich denke, dass es vielen Alleinerziehenden so geht. Wenn die Kinder bei Papa sind, dürfen sie dies und dürfen sie das. Und müssen nirgendwo mit anpacken. Und wenn sie bei mir dann zur Pflicht gerufen werden und ich Regeln aufstelle, bin ich die Böse. Jetzt habe ich damit angefangen, konsequenter zu sein. Aber auch das, was ich den Kindern erlaube, nicht mehr so nebenbei, sondern ausdrücklicher zu tun, damit ihnen auch bewusster wird, was sie eigentlich alles dürfen. Das erleichtert ihnen und mir selbst dann, ein Nein besser zu akzeptieren. Ich bin ausgestiegen aus dem Wettbewerb: Wen haben die Kinder am liebsten? Als Anfangs öfter der Unmut bei den Kindern ausbrach darüber, was sie bei Papa alles dürfen und bei mir nicht, dann sagte ich ihnen, so wie unterschiedliche Länder unterschiedliche Gesetze haben, haben auch Haushalte unterschiedliche Haushaltsregeln. Was hier gilt, ist okay, und was bei Papa gilt, ist auch okay. Das ist mir nicht leichtgefallen, aber es hat sich gelohnt. Das Tauziehen ist weniger geworden.«

Impuls 6:
Sich Unterstützung suchen

Wertschätzung für sich selbst zu zeigen bedeutet nicht nur, auf unsere Bedürfnisse zu achten und uns gegenüber Ansprüchen anderer abgrenzen zu können, sondern auch, uns Unterstützung zu suchen dort, wo wir sie brauchen. Alles allein bewältigen zu wollen führt auf Dauer gesehen in eine Sackgasse, raubt uns dies doch viel Zeit und Energie – und irgendwann verlieren wir dann auch den Blick dafür, was wirklich wichtig ist und was nicht. Fälschlicherweise setzen wir die Bitte um Hilfe oft eins zu eins mit mangelnder Kompetenz gleich. Wenn ich um Hilfe bitte, heißt das, dass ich etwas nicht kann, und damit gebe ich mir eine Blöße. Das mag durchaus der Fall sein, wenn Sie beispielsweise eine Freundin fragen, was genau Sie tun müssen, damit Sie ein bestimmtes Formular richtig ausfüllen. Sie wissen etwas nicht, die Freundin weiß es und zeigt es Ihnen. Oder Ihr Kind hat Probleme mit Multiplikation zweistelliger Zahlen, Sie wissen, wie's geht, und erläutern es.

Sich Hilfe holen ist ein Zeichen von Selbst-Wertschätzung

Doch im Falle von Überlastung und einer sich anbahnenden Erschöpfung hat sich Hilfe und Unterstützung zu holen überhaupt nichts mit mangelnder Kompetenz zu tun, sondern es ist ein Zeichen gesunder Selbst-Wertschätzung: Ich bin's mir wert, mir Unterstützung zu suchen!
Unterstützung durch die Familie ebenso wie auch Unterstützung von außerhalb. Doch Sie müssen anderen auch klar signalisieren, dass Sie Hilfe haben wollen: vielleicht im

Haushalt oder bei der Kinderbetreuung oder bei Erledigungen und Besorgungen außer Haus. Niemand kann Ihnen dies einfach so an den Augen ablesen.

Gerade dann, wenn Sie es gewohnt sind, alles alleine zu machen und Anzeichen von Erschöpfung einfach zu ignorieren, sollten Sie Ihr Verhaltensrepertoire erweitern, indem Sie sich gezielt fragen:

- Worin kann wer mich unterstützen?
- Was brauche ich von wem, um effektiver arbeiten zu können?
- Was ist hilfreich, damit ich mich im Urlaub optimal erholen kann?
- usw.

Sorgen Sie also für Entlastung, indem Sie sich Unterstützung suchen – und bitte nicht erst dann, wenn es absolut nicht mehr ohne geht, sondern jetzt! Was immer es ist: ein Babysitter, Hilfe im Haushalt oder eine Erziehungsberatung. Nehmen Sie fachkundigen Beistand in Anspruch, denn dies ist kein Ausdruck von Schwäche, sondern von Verantwortungsbewusstsein: sich selbst und auch Ihrer Familie gegenüber. Wer sich Unterstützung gönnt, geht gelassener an Aufgaben heran und gesteht es sich zu, mit den eigenen Kräften klug zu haushalten.

Wenn Sie sich bei Ihrer Bestandsaufnahme (Impuls1) beispielsweise notiert hatten, dass Sie gerne zu einem Zumba-Kurs gehen würden, dann suchen Sie sich ein Studio mit Kinderbetreuung aus. Oder Sie möchten sich in aller Ruhe der neu eingetroffenen Mode der Saison widmen oder in der Bibliothek schmökern – viele Geschäfte und öffentliche Einrichtungen haben Spielecken, wo sich Ihr Kind während dieser Zeit vergnügen kann. Diese kleinen Freiräume, in denen Sie sich einfach nur mit Dingen beschäftigen, die Ihnen Spaß machen, geben Ihnen Kraft und Gelassenheit zurück.

Auch von Entlastungs-Erfahrungen im Freundes- und Kollegenkreis lässt sich profitieren: Wie hat Ihre Freundin in einer ähnlichen Situation dafür gesorgt, dass ihre Bedürfnisse nicht unter die Räder kommen? Was hat sie gemacht? Wie hat sie für Entlastung gesorgt? Was hat am besten geholfen?

> **Übung: Liste der Verbündeten**
>
> Stellen Sie sich Ihre individuelle Liste von Personen zusammen, die für Sie da sind, wenn es wieder einmal zu viel wird. Fragen Sie sich ganz konkret: »An wen kann ich mich wenden, wenn ich mich überlastet fühle? Wer kann mich wobei unterstützen?« Denken Sie auch an jene, mit denen Sie wechselseitige Unterstützung praktizieren können, etwa gegenseitiges Babysitten oder sich beispielsweise Einkaufsfahrten teilen.
>
> Meine Unterstützungsliste:
>
> Wer: .... Wobei: ....
>
> Wer: .... Wobei: ....
>
> Wer: .... Wobei: ....
>
> Wer: .... Wobei: ....

Legen Sie sich diese Liste von Menschen, an, denen Sie vertrauen und die Sie schätzen – und fassen Sie sich ein Herz, die jeweilige Person einfach zu fragen, wenn Sie Entlastung benötigen. Wie Sie selbst, freuen sich auch andere, wenn sie gebraucht werden und helfen können. Erklären Sie sich im Gegenzug auch bereit, da zu sein, wenn jemand von dieser Liste Sie um Unterstützung bittet.

Gerade die wechselseitige Unterstützung hat über die konkrete Hilfe hinaus noch weitere Vorteile: Jede freut sich, für die andere etwas tun zu können, man ist in Kontakt und kommt sich näher, teilt so manche Erfahrung miteinander, entdeckt Gemeinsamkeiten und kann über die Widrigkeiten des Alltags oft auch miteinander lachen.

Oft heißt es, dass in einer guten Beziehung Geben und Nehmen ausgeglichen sein sollten. Das ist im Prinzip richtig, doch es ist nichts, was sich immer mit der Briefwaage austarieren lässt. Stets wird es Menschen geben, die Ihnen mehr »geben«, als sie von Ihnen »nehmen« – und auch umgekehrt. Scheuen Sie sich also nicht, die Hilfe anderer auch dann in Anspruch zu nehmen, wenn Sie momentan nicht mit einer gleichwertigen Gegenleistung aufwarten können. Drücken Sie Ihre Dankbarkeit aus und sagen Sie, wie sehr Sie die Hilfe schätzen, etwas wie: »Vielen Dank, dass du am Nachmittag auf Annika aufgepasst hast. Dank deiner Hilfe habe ich diesen wichtigen Termin ganz ohne Stress wahrnehmen können.« Denn damit machen auch Sie ein Geschenk: die Freude darüber, wirklich geholfen zu haben.

Auch Kinder können helfen

Babys und Kleinkinder brauchen natürlich unsere volle Zuwendung und Versorgung und das fordert uns eine Menge ab. Doch diese Gewohnheit aus der Babyzeit, rundum präsent zu sein und alles für das Kind zu tun, kann sich leicht verselbstständigen. Sie führt oft dazu, dass sich viele Mütter auch dann noch als allein zuständig fühlen für alles, was im Haushalt zu tun ist, wenn das Kind schon selbst kleine und größere Aufgaben übernehmen könnte.

Je früher wir unsere Kinder zur Mithilfe im Haushalt motivieren, desto selbstverständlicher wird es für sie sein, mit anzupacken, statt sich nur bedienen zu lassen. Hier ist wichtig, dass auch der Partner mit gutem Beispiel vorangeht, denn wenn das Kind sieht, dass Mama und Papa gemeinsam die anfallenden Arbeiten erledigen, wird es zu etwas Erstrebenswertem, schon »groß genug zu sein«, um mithelfen zu dürfen.

Um Kinder zum Helfen im Haushalt anzuleiten, brauchen Sie zunächst viel Geduld. Ein Grund dafür, warum sich viele Mütter scheuen, Aufgaben zu übertragen: Es dauert doppelt oder dreifach so lange, als wenn sie selbst Hand anlegen würden. Natürlich ist es erst einmal zeitaufwendiger, wenn das Kind lernt, wie der Tisch zu decken ist oder in welche Behälter Müll und Wertstoffe sortiert werden. Das ist einige Zeit so, da gilt es, Geduld zu haben und sich auch mit unperfekten Ergebnissen zu arrangieren. Doch der langfristige Effekt lohnt die Investition in Geduld.

Wenn Ihrem Kind die Mithilfe zur selbstverständlichen Gewohnheit wird, verbessert es sich zum einen und zum anderen haben Sie eine echte Entlastung. Es ist wie mit dem Training im Sport. Wer dranbleibt und übt, ist irgendwann richtig gut. Wer entmutigt aufgibt, weil er Mama nichts recht macht, ist später schwer zu motivieren, wieder einzusteigen.

Gemeinsam verabredete Regeln und Zuständigkeiten erleichtern den Alltag für alle. Wenn Sie mit Ihrer Familie besprechen, wie die Haushaltspflichten künftig neu verteilt werden können, werden nicht alle begeistert sein, mehr als bisher zu übernehmen. Aber oft kommt es auch zu einer ganz anderen Reaktion: Das Kind ist stolz, dass ihm mehr zugetraut wird, der Partner ist erleichtert, weil ihn das Ungleichgewicht in der Verteilung der Haushaltspflichten, auch wenn es bequem für ihn war, unterschwellig auch belastet hat. Denn, was für Sie selbst gilt, gilt auch für andere: Wer etwas für andere tut, aktiviert im Hirn genau jene für Belohnung zuständigen Regionen, als würde er etwas geschenkt bekommen. Das geschieht vor allem dann, wenn er das Gefühl hat, dass sein Beitrag etwas Positives bewirkt und der andere, in dem Fall Sie, sich freut und mit Anerkennung nicht gegeizt wird.

Der Haushalt als Lern- und Erfahrungsfeld

Die Mithilfe von Kindern hat auch einen pädagogischen Nutzen. Indem sie einen eigenen Beitrag zum Zusammenleben leisten, machen sie eine ganze Reihe wichtiger Erfahrungen: die Erfahrung, gebraucht zu werden, etwas zu können und für etwas zuständig zu sein. Sie lernen darüber hinaus, Zeit für eine Aufgabe einzuplanen und auch, bestimmte Abläufe zu verinnerlichen, sodass ihnen das, was zu tun ist, immer flüssiger von der Hand geht. Ein wichtiger Lernschritt ist es auch, zu akzeptieren, dass bestimmte Tätigkeiten, auch wenn sie langweilig, unangenehm oder mühsam sind, einfach zum Leben mit dazugehören und erledigt werden müssen, sei es die Reinigung des Katzenklos, das Einsortieren der Einkäufe oder das Verstauen von Spielsachen in Regalen und Schränken. Sie erkennen, dass das Zusammenleben in einer Familie dann gut funktioniert, wenn alle einen Teil der Verantwortung dafür tragen. Das Wir-Gefühl wird gestärkt, wenn alle zupacken. Das Gefühl, die Eltern durch Mithilfe zu entlasten, macht ein Kind stolz und stärkt sein Selbstvertrauen. Nicht zuletzt sehen Kinder auch, dass Mama und Papa mehr Zeit für Spiele, Gespräche, Vorlesen oder andere Aktivitäten haben, wenn die Arbeiten im Haus auf allen Schultern verteilt werden – doch nur dann, wenn Sie die gewonnene Zeit tatsächlich dazu verwenden, etwas gemeinsam zu unternehmen, was allen Spaß macht. »Wenn wir alle zusammenhelfen und die Wohnung auf Vordermann bringen, dann können wir anschließend …«

Treffen Sie klare Absprachen darüber, wer wann wofür verantwortlich ist. Wenn jeder weiß, wofür er zuständig ist, funktioniert es reibungsloser, als wenn immer wieder neu diskutiert werden muss. Besonders unpopuläre Aufgaben sollten nicht bei einem Einzelnen hängen bleiben, sondern in einem festen Rhythmus rotieren, sodass jeder einmal damit »dran« ist. Dabei hilft ein Kalender, der gut sichtbar in der Küche platziert wird. Dies sorgt auch dafür, dass keine Aufgaben vergessen werden.

> **Check: In welchem Alter kann ein Kind welche Aufgaben übernehmen?**
>
> Natürlich sollen die Aufgaben für das Kind seinem jeweiligen Fähigkeits- und Entwicklungsstand entsprechen, Aufgaben, die es gut bewältigen kann und es nicht überfordern. Die folgenden Hinweise geben eine grobe Orientierung:
>
> **Ab 3 Jahren** kann ein Kind – unterstützt von den Eltern – kleinere und immer wiederkehrende Aufgaben erledigen, beispielsweise Mithilfe beim Decken des Tisches oder das Abräumen des eigenen Geschirrs. Es kann lernen, sich selbst aus- und anzuziehen, sich selbst Gesicht und Hände zu waschen.
>
> **Ein Kind im Vorschulalter** kann seine Spielsachen aufräumen, kann beispielsweise auch dabei helfen, die Wäsche zusammenzulegen, Staub zu wischen und die Blumen zu gießen.
>
> **Im Grundschulalter** kann ein Kind schon anspruchsvollere Aufgaben übernehmen: beispielsweise sein Bett machen, Wäsche zum Wäschekorb bringen, den Tisch decken und abräumen, sein Zimmer in Ordnung bringen, beim Kochen helfen, Wäsche falten und sie ordentlich in den Kleiderschrank räumen, Staub saugen, Müll wegbringen, Schuhe putzen oder kleinere Einkäufe erledigen. Wenn es im Haushalt Haustiere gibt, sollten auch diese in die Aufgabenverteilung einbezogen werden. Katzen- oder Kaninchenstreu wechseln beispielsweise oder den Hund Gassi führen.
>
> **Ältere Kinder** können kleinere Mahlzeiten zubereiten,

> die Spülmaschine ein- und ausräumen, Einkäufe machen oder kurzzeitig auf jüngere Geschwister aufpassen. Jungen wie Mädchen sollten beispielsweise auch mit Geräten wie Waschmaschine und Trockner umgehen können, wissen, wie man bügelt und Betten bezieht.

Wenn Ihre Kinder schon größer sind und auch Ihr Partner sich bisher nicht sehr kooperativ gezeigt hat, ist es ungleich schwieriger, neue Regeln einzuführen. Klar kann es dann so sein, dass Ihr Kind ein langes Gesicht macht, wenn es eine Aufgabe übernehmen soll, die bisher ganz bequem die Mama erledigt hat. Dass der Partner plötzlich zwei linke Hände hat, wenn er im Haushalt mit anpacken soll. Wurde einem Kind bis hin zum Teenageralter alles nachgetragen, wird es sicherlich nicht einsehen, warum es nun plötzlich mit für den Haushalt zuständig sein soll. Und in Ihnen hat sich jede Menge Groll angesammelt, weil Sie sich mit Waschen, Kochen, Putzen beschäftigen, während der Sohn oder die Tochter auf der Couch lümmelt und Computerspiele spielt. Machen Sie klar, dass Sie Zeit für Erholung und Entspannung brauchen wie jeder andere auch.

Setzen Sie auf den längerfristigen Nutzen

Verhaltensänderungen brauchen Zeit. Bis sich alle daran gewöhnt haben, stärker in die Organisation des Alltags eingebunden zu sein, können schon mal ein paar Wochen vergehen. Doch auch das neue Verhalten schleift sich Zug um Zug ein. Irgendwann hat sich jeder an neue Aufgaben und neue Abläufe gewöhnt.

Wenn Sie konsequent bleiben und nicht vorzeitig die Flinte ins Korn werfen, werden Sie schließlich an den Feed-

backs erkennen, dass Sie dadurch, dass Sie sich selbst entlasten und andere in die täglichen Pflichten mit einbeziehen, der ganzen Familie etwas Gutes tun. Ihr Partner und Ihre Kinder müssen nicht mehr das Gefühl haben, dass sie sich auf Kosten Ihrer Erholung und Entspannung ausklinken, und das gemeinsame Verantwortungsgefühl wird gestärkt.
»Es ist unser Laden und *wir* schmeißen ihn.«
Betrachten Sie die tatkräftige Unterstützung Ihrer Familie als das, was es ist: etwas völlig Normales und Selbstverständliches. Es geht ja nicht darum, dass Sie nun nichts mehr und die anderen alles machen, sondern darum, dass das Übermaß an Belastung, das auf Ihren Schultern liegt, gerechter verteilt wird.
Lassen Sie beispielsweise Ihren Partner für die Wäsche oder die Einkäufe zuständig sein und übernehmen Sie das Putzen oder das Kochen. Widerstehen Sie der Versuchung, »notfalls« einzuspringen. Binnen Kurzem wird es lauter »Notfälle« geben … Wenn Ihr Partner für die Wäsche zuständig ist, ist es seine Verantwortung. Wenn Sie für das Bügeln verantwortlich sind, ist es Ihre Verantwortung. Hat er sich nicht um die Wäsche gekümmert, können Sie auch nicht bügeln, und wenn am Morgen in den Tiefen des Kleiderschranks geforstet werden muss, was er noch zum Anziehen hergibt, dann ist das eben so.
Lassen Sie sich auch nicht von Unmutsbekundungen und Trödelei beeindrucken – eine Taktik, die besonders Jugendliche gerne einsetzen: so lange untätig bleiben und alles nur häppchenweise in Angriff nehmen – in der Hoffnung, dass Mama irgendwann die Nerven verliert und es doch selber macht. Beliebt ist auch die gespielte Tollpatschigkeit. Wenn man sich nur ungeschickt genug anstellt, macht Mama es doch selbst. Widerstehen Sie der Versuchung, einzugreifen, nur »damit es schneller geht«. Lernen Sie, mit Lücken und Unvollkommenheiten zu leben, statt wieder alles an sich zu reißen, damit es ordentlich erledigt ist. Nehmen Sie es mit Humor. Auch sich mal drücken zu wollen ist menschlich.

Impuls 7:
Orientierung an Lebensfreude:
Was sind meine Kraftquellen?

Für unser Wohlbefinden ist es wichtig, im Alltag immer einmal wieder davon abzusehen, welche Sorgen uns gerade plagen: finanzielle Sorgen vielleicht, Sorgen um die eigene Gesundheit, die des Partners oder der Kinder oder auch Sorgen, weil die Vielfalt der Aufgaben uns zu überwältigen droht. Sosehr sich diese Gedanken immer wieder in unser Bewusstsein drängen wollen, tun wir gut daran, sie ab und zu beiseitezulassen und uns stattdessen zu fragen, wofür es sich eigentlich lohnt, uns Tag für Tag aufs Neue einzusetzen. Gerade dann, wenn sehr viel zu tun ist, verlieren wir über der momentanen Hektik oft den Blick auf das, was uns das Leben lebenswert erscheinen lässt.

Was ist das Schöne an Ihrem Leben und an Ihrer Familie? Was sind Momente, die Sie im Zusammenleben besonders genießen?

Mag ja sein, dass Ihr Sohn oder Ihre Tochter Sie mit ihrem Eigensinn manchmal derart an Ihre Grenzen bringen, dass Sie etwas denken wie: »*Warum in aller Welt habe ich mich dazu entschlossen, dieses Kind in die Welt zu setzen?*« Nichtsdestotrotz gibt es auch die Momente, wo Sie Ihr

---

Übung: Wofür lohnt Ihr Einsatz?

Wofür lohnt es sich also, sich einzusetzen? Schreiben Sie ganz spontan alle Gründe auf, weswegen Ihr Einsatz gut und richtig ist:

Weil: ....

Weil: ....

Kind mit Liebe betrachten und sich sagen: »*JA, supergute Entscheidung. Ich mag diesen kleinen Racker, auch wenn er mich manchmal den letzten Nerv kostet.*«

Wenn wir uns in unserem Bemühen, den tausend Anforderungen des Alltagslebens gerecht zu werden, ständig verausgaben und nicht mit unseren Kräften haushalten, sind wir irgendwann nicht mehr in der Lage, das, wofür wir uns einsetzen, überhaupt noch genießen zu können. Irgendwann kann es passieren, dass wir nur noch das im Auge haben, was wir aufwenden müssen, und nicht mehr wahrnehmen, was das Schöne und Sinnvolle an unserem Engagement ist.

Sich wieder freuen können

Der wesentliche Teil unserer Energie ist emotionaler Natur: Liebe, Freude, Leidenschaft, Hoffnung, Hingabe, aber auch Zorn, Ärger oder Angst. Erholung meint nicht nur Loslassen und Entspannen, sondern auch Besinnung auf uns selbst und eine intensivere Wahrnehmung unserer Umgebung.

Wer Stress hat, fühlt sich innerlich getrieben und hat keinen Blick mehr für die kleinen Schönheiten des Alltags – den Sonnenstrahl, der gerade durch's Fenster auf ein Glas fällt und einen kleinen Regenbogen zaubert, oder die Fliege, die lustige kleine Loopings um die Hängelampe über dem Esstisch dreht.

Alles, was nicht der Erledigung von Aufgaben dient, wird ausgeblendet. Dadurch verarmt unser Erleben. Wir verschieben es auf später. Ein Später, was vielleicht dann immer ein Später bleiben wird. Um wieder offen zu werden für die täglichen kleinen Lichtblicke, die Freude machen, müssen wir innerlich zur Ruhe kommen und unsere Sinne wieder neu schärfen.

Neben Ihrer Arbeit und Ihrer Familie sollten Sie deshalb Dinge für sich entdecken, die Ihnen Kraft spenden und Freude machen, sich kleine Auszeiten gönnen, die Ihnen helfen, jenseits des Alltagsstresses wieder in Ihr inneres Gleichgewicht zu kommen.

Dies ist sowohl für Sie selbst als auch für Ihre Partnerschaft und Ihre Familie wichtig, denn wenn Sie auf Ihr persönliches Wohlbefinden achten, dann können Sie auch wieder frisch und gut gestimmt den Familienalltag meistern. Sie tun sich keinen Gefallen damit, wenn Sie nur für Ihre Pflichten leben – sich nicht und auch Ihrer Familie nicht. Auch Ihr Kind profitiert nicht davon, wenn Sie sich für die Familie »aufopfern«. Es hat viel mehr von einer Mutter, die ihre eigenen Wünsche und Bedürfnisse und die der Familie miteinander in Balance zu bringen versteht.

Zeit für sich selbst

Gönnen Sie sich also genügend Zeit für sich selbst! Auf jeden Fall mindestens einmal eine halbe Stunde am Tag, in der Sie nur für sich selbst da sind, in dieser Zeit vielleicht Ihre Gedanken aufschreiben, eine schöne Musik hören, ein Nickerchen machen, ein Bad nehmen, in einer Illustrierten blättern oder einen Spaziergang machen. Was immer es ist, was Sie gerade als lockend und lohnend für sich selbst empfinden: Gönnen Sie es sich, nehmen Sie sich diese Zeit für sich selbst.

Sagen Sie Ihrem Kind, dass Sie in der nächsten halben Stunde nicht zur Verfügung stehen, außer wenn es sich um einen Notfall handelt, sich beispielsweise jemand verletzt hat oder etwas dramatisch aus dem Ruder läuft.

Am Anfang wird das vielleicht mit Erstaunen oder Befremden aufgenommen, doch Menschen sind Gewohnheitstiere. Bald erscheint diese halbe Stunde für sich selbst auch Ihrer Umgebung als ganz normaler Bestandteil des Familienlebens. Mama ist eben nicht immer verfügbar, sie nimmt sich auch Zeit für sich selbst.

Kleine Auszeiten helfen dabei, sich darauf zu besinnen, wer Sie sind – nicht nur in Ihren vielfältigen Funktionen als

Mutter, als Ehefrau, als Familienmanagerin, als Sachverständige in Ihrem Beruf, sondern ganz für sich selbst – als die Person, die Sie sind. Widmen Sie sich dem, was Sie jenseits aller Pflichten als bereichernd für sich selbst empfinden, und erweitern Sie Ihre Welt auch immer wieder durch neue Erfahrungen. Ob das ein Yogakurs ist, ein Trommelworkshop oder die Verabredung mit einer Freundin in einem Dunkelrestaurant – wichtig ist, sich auf neue Erfahrungen einzulassen, die Ihnen innerlich etwas geben.

Wenn Sie etwas mehr Zeit zur Verfügung haben, dann unternehmen Sie einen Spaziergang in einem Park oder im Wald, genießen Sie die Gerüche nach Erde und Blüten und nehmen Sie bewusst das Wachsen und Sich-Entfalten um Sie herum wahr. Oder legen Sie sich dann, wenn das Baby schläft bzw. das Kind in der Kita oder in der Schule ist, ausgestreckt auf das Bett. Machen Sie die Augen zu und stellen Sie sich vor, wie mit jedem Ausatmen Spannung Ihren Körper verlässt. Rekeln Sie sich, gähnen Sie, lassen Sie alle Bewegungen zu, die Ihr Körper gerade machen will.

Wenn Sie es sich erlauben, sich selbst immer wieder kleine Auszeiten zu gönnen, in denen Sie Ihre eigenen Bedürfnisse in den Vordergrund stellen, schwindet die Hypothek des Immer-zu-kurz-Kommens und weicht auch die Bitterkeit, nur funktionieren zu müssen und nichts für sich selbst zu haben. Sie werden gelassener im Umgang mit Ihrer Familie und Ihren Kolleginnen und Kollegen. Die bewusst in den Alltag eingebauten Auszeiten erleichtern es auch, sich der inneren Rhythmen mit ihren natürlichen Phasen von Anspannung und Entspannung, von Arbeit und Erholung wieder bewusst zu werden und damit der chronischen Erschöpfung vorzubeugen.

Wenn wir nur arbeiten und arbeiten und ohne Pause von einer Aufgabe zur nächsten hetzen, sind wir ab einem bestimmten Zeitpunkt genervt, gestresst und unleidlich. Zudem geht nichts mehr voran, Denk- und Reaktionsvermögen nehmen ab, es passieren Fehler, die uns normalerweise nicht unterlaufen wären. Wir lassen uns leichter zu unbedachten Äußerungen hinreißen und sagen vielleicht Dinge, die wir später bereuen.

Bewusste Auszeiten helfen uns dabei, uns zu erholen, neue Energien zu schöpfen und so auch Überlastung und Verschleiß entgegenzuwirken.

Auch Mini-Pausen stärken die Lebensfreude

Achten Sie auch auf Mini-Pausen zwischen der Erledigung der einen und dem Anpacken der nächsten Aufgabe. Hier kann schon ganz wenig viel bewirken. Legen Sie nach dem Abschließen einer Aufgabe gezielt eine kurze Pause ein, öffnen Sie das Fenster, nehmen Sie ein paar tiefe Atemzüge und freuen Sie sich über das, was Sie gerade erledigt haben. Beginnen Sie erst dann mit etwas Neuem. Schon diese paar Minuten des tiefen Durchatmens und ein ausgiebiges Rekeln und Gähnen schaffen Abstand, Geist und Körper können für Momente entspannen.

Dass der Atem in unmittelbarem Zusammenhang mit unserer Stimmung, dem Wohlbefinden und der Konzentrationsfähigkeit steht, das wissen wir, und doch ziehen wir oft nicht die Konsequenzen aus dieser Erkenntnis.

Je stärker wir unter Druck stehen, desto flacher wird in aller Regel auch die Atmung. Dadurch werden der Körper und vor allem auch das Gehirn mit nur wenig Sauerstoff versorgt. Die Leistungsfähigkeit lässt nach. Immer wieder kleine Pausen einzulegen und sie dazu zu nutzen, möglichst am offenen Fenster oder draußen an der frischen Luft tief durchzuatmen, verschafft uns neue Energien und hebt unsere Stimmung.

> **Übung: Die Herz-Intelligenz-Übung**
>
> Diese beruhigende uns stärkende Wirkung des bewussten tiefen Atmens lässt sich noch ausbauen, beispielsweise mit der Herz-Intelligenz-Übung. Sie besteht aus drei Schritten:
>
> 1. Innehalten,
> 2. die Aufmerksamkeit zum Herzen hin leiten und,
> 3. während Sie bewusst atmen, sich an etwas Positives erinnern und sich möglichst deutlich die Details dieser Erfahrung vergegenwärtigen – so, als würden Sie es jetzt, in diesem Moment, erleben.
>
> Wenn Sie diese Übung durchführen, werden Sie feststellen, dass Sie ruhiger werden und dass Energie Sie durchströmt.

Sparen Sie nicht an solchen kleinen Freiräumen für sich selbst. Machen Sie Abstriche lieber woanders, beispielsweise beim Fensterputzen, bei der Erledigung der Ablage oder dem Checken von E-Mails. Da darf es dann auch mal ein »okay« anstelle von »perfekt« sein. Sie managen langfristig Ihren Alltag viel effektiver, wenn Sie weniger überarbeitet und genervt sind, als wenn es rundum tiptop glänzt, alles abgearbeitet ist und Sie selbst zu müde sind, um überhaupt noch irgendetwas empfinden zu können.

Fast überall ist es möglich, sich individuelle kleine Zeitinseln zu schaffen um verschnaufen zu können, beispielsweise, wenn Sie nach dem Kastaniensammeln mit den Kindern im Park den Spielplatz ansteuern und dann, während die Kleinen Rutschbahn und Wippe belagern, es sich auf einer Bank gemütlich machen, das Vogelgezwitscher genießen, sich zurücklehnen und einfach entspannt in den Himmel schauen.

Entdecken Sie Ihre Lebensfreude neu

Die kleinen Zeitinseln schärfen unser Bewusstsein dafür, ein lebendiges Wesen inmitten anderer lebendiger Wesen zu sein. Woran machen wir es eigentlich fest, *wirklich* zu leben – uns lebendig zu fühlen, statt einfach nur zu existieren? Was bewirkt, dass wir uns wohl in unserer Haut fühlen? Was ruft das Gefühl von Lebendigkeit und Lebensfreude wach?

Da können äußere Einflüsse mitspielen, etwa eine gute Nachricht, ein Wunsch, der erfüllt wird, eine interessante Begegnung. Das Gefühl von Lebensfreude kann jedoch auch scheinbar ganz »von selbst« entstehen, ohne dass sich etwas Besonderes ereignet haben muss. Eine wichtige Rolle bei diesem »von selbst« spielen wache Sinne.

Wenn wir hektisch von einer Aufgabe zur anderen, von einem Termin zum nächsten hetzen, bekommen wir kaum etwas von den Qualitäten unserer Umgebung mit. Alles rauscht an uns vorbei. Wenn wir hingegen innehalten, uns Zeitinseln schaffen und einfach wahrnehmen, was da ist und wie wir in Beziehung dazu stehen, dann spüren wir die Wärme oder Kälte auf unserer Haut oder auch den Wind, der durch das Haar fährt. Wir spüren das Pflaster unter unseren Füßen, hören das Gurren einer Taube, sehen, wie die Sonne die Blätter aufleuchten lässt.

Lebendigkeit heißt, dass wir bei uns sind und auf unsere Empfindungen und Gefühle achten. Die Freude. Die Liebe. Die Verbundenheit mit unseren Lieben. Glückliche Momente. Doch auch die Angst, den Ärger, die Wehmut, die Sehnsucht, die Anspannung, den Groll, die Traurigkeit. Das alles gehört zu uns und darf auch gefühlt werden. Wenn wir uns von unseren Gefühlen abschneiden, sie verdrängen oder sie uns verbieten, wird unser Leben flach und nur noch von Plänen und Pflichterfüllung dominiert.

Selbst-Check: Ihre Energiequellen

Betrachten Sie noch einmal Ihre Notizen zur »Bestandsaufnahme« auf S. xx. Hier hatten Sie aufgelistet, was häufig in Ihrem Leben zu kurz kommt, wovon Sie gerne mehr in Ihrem Leben hätten. Was davon sind starke Energiequellen? Welche Aktivitäten »wecken Sie auf«, bestärken Sie und bewirken, dass Sie sich lebendig fühlen? Fallen Ihnen noch weitere ein?

....
....
....

Geben Sie Ihrer Partnerschaft frische Impulse

Wenn aus einem Liebespaar ein Elternpaar wird, zieht dies neben einer Fülle von neuen Aufgaben auch Veränderungen im Selbstbild beider nach sich und sie betrachten einander auch mit neuen Augen. Oft steht die Elternschaft und alle damit verbundenen Verpflichtungen so im Vordergrund, dass die Pflege der Beziehung zueinander ins Hintertreffen gerät. Die Zeit, die Sie und Ihr Partner für die Aufgaben in der Familie benötigen, geht häufig nicht nur zu Lasten der individuellen Freizeit, sondern auch zu Lasten der Zeit füreinander und zu Lasten gemeinsamer Freizeitaktivitäten.

Um Ihrer Beziehung als Paar den Raum zu geben, den sie braucht, ist es sinnvoll, feste Termine füreinander freizuhalten, die tabu sind für andere Verpflichtungen. Verabreden Sie beispielsweise einen festen Paarabend in der Woche, an dem Sie füreinander da sind oder auch gemeinsam etwas unternehmen. Nutzen Sie diesen Abend, um sich auszutauschen, einander zu erzählen, was Sie beide gerade bewegt, was aus Ihrer jeweiligen Sicht gut läuft und wofür es gut wäre, Lösungen zu finden. Oder gehen Sie aus, besuchen Sie eine Veranstaltung, an der Sie beide Spaß haben, machen Sie einen Spaziergang, treffen Sie sich mit gemeinsamen Freunden oder genießen Sie einfach die Zeit für Zärtlichkeit.

> Übung: Frische Impulse für die Partnerschaft
>
> Machen Sie sich Gedanken darüber, wie Sie gerne die gemeinsame Zeit mit Ihrem Partner verbringen würden, und sprechen Sie ihn darauf an.
>
> Was ich gerne mit meinem Partner zusammen unternehme:
>
> ....

»Es ist ja nicht so, dass wir uns auseinandergelebt hätten«, sagt Marlene, »ich liebe meinen Mann und er liebt mich auch. Doch obwohl wir uns jeden Tag sehen, ist unsere Beziehung flacher geworden. Sicher, wir sprechen miteinander, doch das dreht sich meist um Haushaltsdinge oder die Kinder. Und nur mal zusammen vor dem Fernseher sitzen ist auch nicht so besonders prickelnd. Ich glaube, die Routinen haben uns irgendwie aufgefressen. Als ich über die Dinge nachdachte, die ich gerne mit ihm unternehmen würde, fielen mir sofort die Konzerte ein. Wir haben beide eine Vorliebe für Rockmusik und mögen die gleichen Bands. Also habe ich zwei Karten gekauft und ihn einfach damit überfallen. Der Abend war super. Gerade die Zugaben, Oldies aus der Zeit, als wir uns kennengelernt hatten, das rief viele Erinnerungen wach. Anschließend saßen wir in einer Kneipe, tranken Bier und unterhielten uns so angeregt wie schon lange nicht mehr. Das wollen wir jetzt unbedingt wiederholen.«

Teilen Sie Zeit mit Ihren Freunden

Wenn Sie zu viel zu tun haben, gerät nicht nur die Partnerschaft ins Hintertreffen, sondern auch Ihre Freundinnen und Freunde warten vergeblich darauf, dass Sie sich wieder einmal melden. Damit lassen Sie aber auch eine Ihrer wichtigsten Energiequellen versickern: die Aufmerksamkeit und Zuwendung der Menschen, die Ihnen etwas bedeuten und denen Sie etwas bedeuten.

Es ist zu kurz gedacht, einfach nur anzunehmen, dass Ihnen die Zeit, die Sie mit Ihrer besten Freundin verbringen, dann »fehlt«. Sicher, Sie können Zeit nicht zweimal ausgeben. Doch bedenken Sie, dass ein anregender Gedankenaustausch und gemeinsame Aktivitäten Ihnen viel zurückgeben, sodass auch die Arbeit dann wieder leichter von der Hand geht. Überlegen Sie lieber, welche Kontakte Ihnen nicht guttun und wie Sie es anstellen können, diese seltener werden oder ganz einschlafen zu lassen, damit Sie die Zeit dafür zur Verfügung haben, die Ihnen wohltuenden Beziehungen zu pflegen. Gerade wenn Sie wenig freie Zeit zur Verfügung haben, ist es wichtig, hier »umzuschichten«.

Selbst-Check: Teilen Sie Zeit mit Ihren Freunden

Überlegen Sie, welche Menschen aus Ihrem Freundes- und Bekanntenkreis Ihnen wirklich wichtig sind.

- Bei welchen Menschen fühlen Sie sich wohl und können Sie gut entspannen?

    ....

- Welche Menschen inspirieren Sie, muntern Sie auf, bringen Sie weiter?

  ....

- Welche Menschen erleben Sie als anstrengend?

  ....

- Im Kontakt zu welchen Menschen fühlen Sie sich hinterher erschöpft oder deprimiert?

  ....

Denjenigen Menschen, die Ihre Energie immer wieder anzapfen und verbraten, sollten Sie deutlich weniger Zeit widmen als bisher oder, sofern es möglich ist, den Kontakt ganz beenden. Die Zeit und Energie, die Sie ihnen widmen, fehlt Ihnen für die Menschen und Aktivitäten, die Ihnen wirklich etwas bedeuten.

Lebensfreude entfalten wir wesentlich leichter und spielerischer mit anderen zusammen als alleine im stillen Kämmerlein. Der Kontakt zu Menschen, die uns mögen, achten und schätzen und die auch uns selbst innerlich nahestehen, gehört zu den wichtigsten Ressourcen, die uns aus einer beginnenden Erschöpfung wieder herausführen können.

Der persönliche Veränderungsplan

Der chronischen Erschöpfung vorzubeugen ist keine Einmal-Aktion, wir müssen dazu bestimmte Gewohnheiten dauerhaft verändern. Oft wird dabei die Macht der bisherigen Denk- und Verhaltensmuster unterschätzt.

Wir benötigen für Veränderungen umso mehr Zeit,

- je länger wir es gewohnt sind, auf eine bestimmte Art zu denken und zu handeln,
- je tiefgreifender die angestrebte Veränderung ist,
- je seltener wir Gelegenheiten nutzen, die neue Gewohnheit zu trainieren.

Verschaffen Sie sich zunächst einen Überblick darüber, was genau Sie an Ihrem bisherigen Lebensstil ändern wollen. Sehen Sie dazu Ihre persönlichen Notizen zu den sieben Impulsen noch einmal durch.

Zu Impuls 1: Bestandsaufnahme
- Wofür will ich künftig weniger Energie aufwenden?
- In welche Bereiche investiere ich die dadurch gewonnene Zeit?
- Was kann ich ohne viel Aufwand sofort ändern?
- Was sind Dinge, die ich ändern will, wo ich aber noch Wege finden muss?
- Für welche Veränderungsvorhaben brauche ich noch mehr Informationen, Rat, Hilfe, Unterstützung?

Zu Impuls 2: Schach dem Super-Mutter-Syndrom
- Was will ich künftig nicht mehr tun von den Dingen, die mich erschöpfen und die ich bisher nur getan hatte, damit andere mich loben oder weil ich Kritik fürchtete?

Zu Impuls 3: Loslassen überzogener Ansprüche an mich selbst
- Welche meiner Ansprüche an mich selbst will ich vermindern oder ganz loslassen?
- Wo will ich künftig toleranter mit mir sein?

Zu Impuls 4: Wertschätzung für mich selbst
- Womit will ich mir selbst künftig mehr Wertschätzung zeigen? Welche kleinen Lichtblicke und Wohlfühlmomente will ich mir künftig im Alltag gönnen?

Zu Impuls 5: Grenzen setzen
- In welchen Situationen will ich künftig klar auf meine Grenzen hinweisen?
- Wo und wie will ich anderen Grenzen setzen?

Zu Impuls 6: Sich Unterstützung suchen
- Wobei will ich mir künftig Unterstützung suchen?
- Wer soll mir konkret in welchen Situationen helfen?

Zu Impuls 7: Orientierung an Lebensfreude: Was sind meine Kraftquellen?
- Was unternehme ich, um künftig mehr Zeit für mich selbst, für meine Partnerschaft und Unternehmungen mit meinen Freundinnen und Freunden zu gewinnen?
- Von welchen Kontakten, die mir nichts geben, sondern mich nur anstrengen oder deprimieren, will ich mich lösen?

Nun haben Sie sehr viele Ideen und Ansatzpunkte zusammengetragen, die helfen, wieder in die innere Balance zu kommen. Einige Dinge können Sie vielleicht sofort, ohne viel Aufwand umsetzen, andere brauchen Zeit und auch das Mitwirken anderer – Ihrer Familie, Ihrer Kolleginnen und Kollegen, Ihrer Freundinnen und Freunde.

Versuchen Sie nicht, Ihr ganzes Leben bzw. einen ganzen

Lebensbereich auf einmal umzukrempeln, sondern konzentrieren Sie sich auf wenige Aspekte. Nehmen Sie sich die Zeit, die es braucht, neue Gewohnheiten zu etablieren.

Wählen Sie also aus der Fülle Ihrer Veränderungsideen zunächst nur drei konkrete Schritte aus, beispielsweise:

Schritt 1: Wenn ich eine Aufgabe abgeschlossen habe, klopfe ich mir selbst auf die Schulter und sage »Gut gemacht!« und gönne mir danach eine Verschnaufpause.
Schritt 2: Ich bitte eine Person auf meiner Liste der Verbündeten, mich bei einem konkreten Vorhaben zu unterstützen.
Schritt 3: Ich nehme mir die Zeit, einmal täglich den Mini-Bodyscan zu üben.

Machen Sie Ihre persönlichen kleinen Schritte, einen nach den anderen. Wenn Sie merken, dass die neue Gewohnheit »sitzt« bzw. Sie ein Vorhaben umgesetzt haben, nehmen Sie sich einen anderen Punkt aus Ihrer Ideensammlung vor und formulieren Sie wieder konkrete kleine Schritte, die Sie Zug um Zug umsetzen. Wichtig ist, dass die Schritte klein und konkret sind und dass Sie mit den einfacheren Vorhaben beginnen. Mit jedem geglückten Schritt voran wächst auch Ihr Selbstvertrauen, sich langsam komplexere und schwierigere Veränderungsschritte zuzutrauen.

Nützliche Adressen und Links

Informationen für Mütter, Mütter-Kuren und Mütter-Kind-Kuren, Beratung und mehr bieten:
www.muettergenesungswerk.de/
www.kur.org/

Viele Informationen über Burnout-Symptome, Vorbeugung und Therapie finden Sie bei:
www.burnout.info/
www.burnout-syndrom-hilfe.eu/

Das Portal des Verbands berufstätiger Mütter bietet vielfältige Informationen rund um die Vereinbarkeit von Beruf und Familie:
www.vbm-online.de/

Buronout-Foren, in denen Burnout-gefährdete und Burnout-betroffene Frauen und Mütter über ihre Erfahrungen diskutieren könnnen:
www.burn-out-forum.de
www.netmoms.de/

Speziell den Problemen von Alleinerziehenden widmet sich der Verband Alleinerziehender Mütter und Väter:
www.vamv.de

Weiterführende Literatur

Cramer, Gunnar/Furuholmen, Dag: Ich coache mich selbst. Humboldt Verlag 2. Aufl. 2011

Engelbrecht, Sigrid: Das Anti-Burnout-Buch für Frauen. Kreuz Verlag 2011

Engelbrecht, Sigrid: Krisenfest leben. Kreuz Verlag 2010

Jeffers, Susan: Selbstvertrauen gewinnen. Kösel Verlag, 10. Aufl. 2005

Kabat-Zinn, Jon/Kesper-Grossman, Ulrike: Stressbewältigung durch die Praxis der Achtsamkeit. Arbor-Verlag 1999

Linneweh/Heufelder/Flasnoecker: Balance statt Burn-out. W. Zuckschwerdt Verlag 2010

Prünte, Thomas: Der Anti-Stress-Vertrag: Ihr Weg zu mehr Gelassenheit und Lebensfreude. Ueberreuther Verlag 2003

Tiggelaar, Ben: Träumen, wagen, tun. Gabal Verlag 2010

Wegweiser zu den Übungen und Selbst-Checks

Selbsttest: Vorübergehendes Tief oder Burnout?	22
Stress-Check: Stressoren von außen	47
Stress-Check: Stressoren von innen	61
Stress-Check: Burnout-Beschleuniger	72
Selbst-Check: Ihre Energiebilanz	79
Übung: Das Plus-Minus-Tagebuch – Bestandsaufnahme	82
Übung: Das Plus-Minus-Tagebuch – Neubewertung	84
Übung: Ihre Befürchtungen	91
Übung: Ihre Befürchtungen – noch einmal	94
Übung: Selbsterkenntnis	96
Übung: Die Quellen Ihrer Ansprüche	98
Selbst-Check: Die Quellen Ihrer Ansprüche	101
Übung: Der innere Kritiker	105
Übung: Prüfen Sie Ihre Ansprüche	108
Übung: Meine Belohnungsliste	113
Übung: Der innere Mentor	114
Übung: Blickwechsel will geübt sein	117
Übung: Lächeln Sie Ihrem Spiegelbild zu	119
Übung: Positive Resümees ziehen mit dem Erfolgsjournal	121
Übung: Mini-Bodyscan	122
Selbst-Check: Was macht ein Nein so schwer?	126
Check: Die Ja-Sager-Explosivspirale	131
Übung: Liste der Verbündeten	138
Check: In welchem Alter kann ein Kind welche Aufgaben übernehmen?	142
Übung: Wofür lohnt Ihr Einsatz?	145
Übung: Die Herz-Intelligenz-Übung	150
Selbst-Check: Ihre Energiequellen	152
Übung: Frische Impulse für die Partnerschaft	153
Selbst-Check: Teilen Sie Zeit mit Ihren Freunden	154